インタビュー・スピーチ・プレゼン・話し合いの力をつける！

小学校国語科
話すこと・聞くことの活動アイデア44

吉川芳則 編著
明石市立朝霧小学校 著

明治図書

刊行に寄せて

　モバイル通信機器の発達，普及によって，コミュニケーションのあり方はずいぶんと変わりました。情報の交流は携帯，スマートフォンがなかった時代よりも日常的にそして頻繁に行われています。しかし，そこで行われているコミュニケーションの主流は，「話しことば的書きことば」です。対面すること，声を聞くことなど，相手の人となりに直に触れる機会は大きく減りました。世はSNSの時代です。

　SNSは大変有用なコミュニケーション・ツールです。これからもどんどん便利で多様な使われ方が開発され，普及していくことでしょう。ただそれは，向かい合って直接的に相手とことばを交わす（話す・聞く）機会がますます減少し，そのための技能が低下していくことにも通じます。人とうまく触れ合うことができず，良好な人間関係を築くことが難しい人が増えることにもなると考えられます。

　他方，複数のメンバーで協働して新たなアイデアを発想したり，問題を解決したり，仕事をしたりすることがますます求められるようになってきました。意見を出し合う，提案（プレゼンテーション）する，議論することなどの必要性，重要性は増しています。しかも効率的，効果的で，生産的，創造的な話すこと・聞くことが要求されます。確かで，豊かな話すこと・聞くことのコミュニケーションが，いっそう必要な時代になってきたと言えます。

　話すこと・聞くことのコミュニケーションにおいては，ちょっとしたことばのニュアンスや言い方，聞き方，表情や身振りの違いで人間関係がよくも悪くもなります。期待以上の成果が得られたり，逆にうまく運ぶはずの仕事が滞ってしまったりもします。SNSの時代，協働作業の時代だからこそ，未来に生きる子どもたちには，人と人とがうまくコミュニケーションを図ることができる話すこと・聞くことの技術（スキル）を身につけさせてやらねばなりません。

　本書は，そうした願いをもとに編んだものです。実践のアイデアを提供，執筆いただいた兵庫県明石市立朝霧小学校は，他者の意見を受けとめ，自分の考えをきちんと話して伝えられる力を子どもたちにつけてやりたいと願って，懸命に，そして楽しく実践研究に取り組まれている学校です。子どもも教師も取り組みやすい話すこと・聞くことの授業になるようにと，お忙しいなかご尽力いただきました。杉田和代校長先生と諸先生方には，改めてお礼申し上げます。

2019年4月

兵庫教育大学大学院教授　吉川芳則

はじめに

　情報化やグローバル化等が進み，今以上に変化が激しく，人間関係もますます希薄な社会に生きることになるであろうと考えられるのが，目の前にいる子どもたちです。そのため，子どもたちが生きる20年後，30年後の社会のありようを可能な限り見据えていくことが重要と思います。だからこそ，国語科で身につける「言葉の力」が，子どもたちが社会に出て力強く羽ばたくためにも重要なことだと考えます。「話す・きく」ということは，相手が何を言おうとしているかを心を動かしながら聞き，それに対して自分はどう思うのか考え，伝えることが中心です。人が心を通じ合わせるために必要不可欠でとても大切なことです。

　本校では，平成24年から3年間道徳教育に取り組み，平成28年度より国語教育に取り組み始めました。その契機は，本校の児童に「コミュニケーション能力の向上」をもっと図っていく必要があると職員で考えたからです。そこで，教科を国語に絞り，研究を進めてきました。研究テーマを『思いを伝え合い，仲間とともに学び合おうとする児童の育成～「聞くこと」・「話すこと」を中心とした言語活動を通して』として進めてまいりました。道徳で培った学びを研究の基盤に据え，全員の授業公開を原則に，実践的研究を中心に進めました。2年目には，各学年で，一授業は「きく・話す」の単元を取り上げ，「きく・話す」を改めて学びました。そして3年目は，低・中・高学年の全体研究会をすべて「きく・話す」の単元とし，小学校6年間の子どもの育ちを見通した「きく・話す」の研究を進めました。これを通して，すべての教科につながり，国語だけでなく，他の教科や児童集会や委員会など特別活動の部分にも子どもたちの成長を感じることができた，など取組の成果が少しずつ表れつつありました。

　そのようなときに，「1冊の本にしては」という話が持ち上がりました。このことについて職員で多く話し合い，子どもたちの一層の育ちにつなげるためにと取り組むことにしました。この本の中には，今まで取り組んできたことばかりではなく，この機会に改めて取り組んだことも含まれています。まだまだ道半ばでささやかな実践ではありますが，さらに研究を推進し，子どもたちに力がつくように努力を重ねる所存です。

　最後になりましたが，本日までご指導・ご鞭撻を賜りました兵庫教育大学大学院教授吉川芳則先生，並びに関係各位に厚くお礼を申し上げます。今後とも一層のご教示を賜りますようお願い申し上げます。

　2019年4月

　　　　　　　　　明石市立藤江小学校長（前　明石市立朝霧小学校長）　杉田和代

Contents

刊行に寄せて　2　　はじめに　3

Chapter1 理論編

話すこと・聞くことの技能を高める
国語の授業づくり

1　話すこと・聞くことの技能を楽しく学ぶ場をつくる　8

2　聞くことの技能が身につく活動　8

3　話すこと─独話活動（スピーチ）の技能が身につく活動　10

4　話すこと─発表（プレゼンテーション）の技能が身につく活動　13

5　話し合うことの技能が身につく活動　15

6　話すこと・聞くことの質を高める論理的思考力　16

7　「活動アイデア44」の特徴と活用法　17

8　「単元展開例」の特徴と活用法　18

Chapter2 指導編

話すこと・聞くことの技能が身につく
活動アイデア44

全学年

基本・スキル型

1　ほめほめインタビュー（インタビュー）　20

2　好きな〇〇，理由は3つ!!（スピーチ）　22

3　ぴったりスピーチ（スピーチ）　24

4　今日のできごと，3行ニュースの時間です（スピーチ）　26

5　一言紹介リレー（説明）　28

応用・活用型

6　うまく伝わるかな？（説明）　30

7　トーキングタイム（話し合い）　32

8　ポスターセッションに挑戦！（プレゼンテーション）　34

9　すごろくトーク（メタ認知）　36

基本・スキル型

10 ききかためい人「あいうえお」(聞き取り) 38

11 えほん de トーク (聞き取り) 40

12 ○○さんのしらせたいことはなんだろう?(聞き取り) 42

13 あいづちインタビュー (インタビュー) 44

14 どんなふうに話しているのかな?(スピーチ・メタ認知) 46

15 はなしかためい人「かきくけこ」(聞き取り) 48

16 ちょっとおたずねいいですか?(話し合い) 50

応用・活用型

17 なりきりスピーチ (スピーチ) 52

18 じぶんのえらんだ本の読み聞かせとお話クイズをしよう (聞き取り) 54

19 おなじかな?ちがうかな?(メタ認知) 56

20 どうしてそのじゅんばん?(メタ認知) 58

低学年

基本・スキル型

21 聞き取りメモのコツを学ぼう (聞き取り) 60

22 ぐいぐいインタビュー (インタビュー) 62

23 「はなお」でスピーチ (スピーチ) 64

24 もしも○○だったら!?スピーチ (スピーチ) 66

25 話し方って大事だね (スピーチ・メタ認知) 68

26 話し合いにチャレンジ (討論) 70

27 めざせ!名司会者―話し合いの仕方を学ぼう―(話し合い・メタ認知) 72

28 その理由でだいじょうぶ?(メタ認知) 74

応用・活用型

29 今日の話題はいくつ?(聞き取り) 76

30 ようこそ!○○の部屋へ (インタビュー) 78

31 ブックトーク (プレゼンテーション) 80

32 分け分けしてから比べよう!(メタ認知) 82

中学年

Contents | 5

基本・スキル型

33 今日の話のポイントは？（聞き取り）84

34 きりかえしインタビュー（インタビュー）86

35 「はなおめ」スピーチ（スピーチ）88

36 ○○といえば…スピーチ（スピーチ）90

37 宣言します「私・ぼく，この技使ってスピーチします」（スピーチ・メタ認知）92

38 ３人寄れば文殊の知恵（話し合い）94

応用・活用型

39 シチュエーショントーク（説明）96

40 トークバトル！（説明）98

41 パネルディスカッションに挑戦！（討論）

42 学級討論会をしよう（討論）102

43 ビブリオバトル―書評に挑戦―（プレゼンテーション）104

44 みんなの意見を整理しよう！（話し合い・メタ認知）106

Chapter3 実践編

話すこと・聞くことの技能が身につく活動を位置付けた単元展開例

1年

1 ともだちにきいたことを，みんなにしょうかいしよう 110
●教材：「ともだちに，きいてみよう」（光村図書）

3年

2 つたえよう！ぼく・わたしのチーム３年３組 116
●教材：「つたえよう，楽しい学校生活」（光村図書）

5年

3 引き出そう！友だちのみ力 122
●教材：「きいて，きいて，きいてみよう」（光村図書）

Chapter 1

理論編

話すこと・聞くことの技能を高める国語の授業づくり

1 ｜ 話すこと・聞くことの技能を楽しく学ぶ場をつくる

　小学生も，わたしたち大人も，日本語を母語とする者は相応に日本語を話すことも聞き取ることもできます。多くの人は，話すこと・聞くことについてとくに大きな問題を感じることもなく，毎日生活しています。だからといって，自分の考えや思いを適切に話し伝えることができているか，話し手が言わんとすることを的確に聞き取り理解できているかというと，どうでしょうか。自信をもって首を縦に振ることができる人は決して多くはないだろうと思います。何となくはできている（ように思っている）話すこと・聞くことの技能（スキル）を具体的に身につける場を，学校教育段階で保障しなければなりません。

　コミュニケーションそのものである話すこと・聞くことの学習は，当然のことながら楽しいものであることが望まれます。ことばを媒介にして人と人が時空間を共有するということ，ことばを交わし相手の人柄に触れ，自分とは異なる見方や考え方を肌で感じることは，心が豊かになる機会です。楽しくことばをやりとりすることの意義と価値が実感できるような話すこと・聞くことの学習を展開し，必要な言語技能を確実に習得させていきたいと思います。

2 ｜ 聞くことの技能が身につく活動

❶聞く力を具体的に捉える

　聞くことはコミュニケーションの根幹をなす言語活動・行為です。授業においても聞くことが丁寧にできている教室には落ち着きがあります。よく考える学習が展開されます。しっかりとした聞く力をつけることが何によりも優先されねばなりません。

　しかし，話すことに比べて実際にことばが表に出てこない聞くことについては，どのような力をつければよいのか把握しにくい面が多々あります。「おへそをこちらに向けて聞きましょう」のレベルの指導にとどまりがちなのも事実です。聞く力を具体的に意識できていないと，育てようにも手の施しようがありません。

　安居總子（2004）は「聴く」と「聞く」とに分けて捉えた上で，それぞれ〈聴力（聴解力）〉として15項目，〈聞く力〉として14項目を設定して能力表を提示しました[1]。そのうちのいくつかを挙げてみます。

〈聴力（聴解力）〉

1　その話の，場面，状況——どこの，なんの，だれとだれが，その関係は，どんな会話なのかなどをつかむ

2　話し手の話の内容——論点，見解，立場，解釈，材料をつかむ・まとめる・自分と比べる

4　メモする・メモの方法・メモからのまとめ方などを身につける

9　二人または数人の話をきいて，共通するところ，違うところに注意しながら，きき比べる

10　あいまいなところ，わからないことを質問する

14　目的・必要に応じて情報を選択する

〈聞く力〉

1　耳をすます（きき耳をたてる）。人の声と認める

2　話し手のほうを向く（構える）

4　だまって最後まできく

6　目できく（耳を傾けてきく）

9　よくきく，ききいれる（共感しながらきく）

12　あいづちをうつ

14　話し合いなど，流れを意識し，協力的に

　これらは中学生を対象に示されたものですが，小学生であっても身につけさせたい聞くことの力であり技能（スキル）です。こうして分けて捉えてみると，上述した「おへそをこちらに向けて聞きましょう」ではないですが，学校ではややもすれば聞く態度や姿勢面に力点が置かれている〈聞く力〉のほうを指導の観点としている教室が多いかもしれません。〈聞く力〉にある項目は円滑なコミュニケーションを図るには重要な力です。しかし，創造的，生産的なコミュニケーションという面からは，〈聴力（聴解力）〉にある力こそ意図的につけねばなりません。こちらのほうの力は学校教育，分けても国語科の中でこそ育てなければ習得できにくいものです。

❷これからの時代に必須の批判的に聴く力

　力強い「きく力」を育てるという点では，批判的に聴く力（「聴く」としておきます）や技能もこれからの時代には必須です。「批判的に」というのは，ことば尻を捉えて文句をつけたり，揚げ足を取ったり，自分の意に沿わないことをむやみやたらに非難したりすることではありません。道田泰司（2001）は，簡潔に「みかけに惑わされず，多面的にとらえて，本質を見抜くこと」と定義しています[2]。読むこと領域では，批判的読み（クリティカル・リーディング）としてその重要性が指摘されていますが，聞くことの領域でも同様に大切です。

　インターネットへの依存，コマーシャリズムの影響もあって，玉石混交の情報が満ちあふれている現代社会です。道田の定義にある「みかけに惑わされず，多面的にとらえて，本質を見抜くこと」が，聞くことの領域でも必須の力，技能（スキル）であることは納得できます。

Chpater1　理論編　話すこと・聞くことの技能を高める国語の授業づくり

斎藤美津子（1972）は，人のことばをどのような身構えで聞いたらよいかについて，2つの「きき方」を提示しています。1つは，鑑識眼を養うための「きき方」であり，もう1つはここで取り上げる批判力を身につけるための「きき方」です[3]。斎藤は，聴き手は話の間中，批判力を働かせていなければならないとしています。相手の話に自分を説得しようとしている意図が見えたら，すぐに批判力を働かせるのだと。話を批判的に聴くのはすべて聴き手の責任だとも述べ，批判力を養うための聴き方として次の3点を挙げています。

・何を意味しているのだろう。
・どうしてそれが正しいとわかるのだろう。
・どんなことをはぶいているのかナ。

　同様な観点は，言語論理教育の推進者である井上尚美（2000）も主張しています。井上は「『批判的精神』を持とう」と呼びかけ，言語論理教育を進めるには以下の3点について判断できる能力をつけることが必要だとしています[4]。

①情報の中味がホントかウソか〈真偽性〉
②考えの筋道が正しいか正しくないか〈妥当性〉
③情報はどの程度確かであるか（強い理由か弱い理由か），また現実と照らし合わせて適当（適切）であるか〈適合性〉

　情報内容の確からしさを中心に，先の斎藤が挙げていた3つの観点と共通する内容であることがわかります。どれか1つの観点でもそれに即して話を聴いて判断を下すなど，これらの問い（観点）をもって話を聴くような場・学習活動を設定することはできないでしょうか。ゲーム感覚で短時間で，準備に負担の少ない形でできることもありそうに思います。

3 ｜ 話すこと―独話活動（スピーチ）の技能が身につく活動

❶目指したい話し方

　発表や報告，スピーチなどは，単独（1人）で聴衆に対して一方向的に話すことが中心となる音声言語活動です。平成29年版学習指導要領でも言語活動として，「紹介や説明，報告など伝えたいことを話」すこと（1・2年），「説明や報告など調べたことを話」すこと（3・4年），「意見や提案など自分の考えを話」すこと（5・6年）が位置付いています。改まった場で，ひとまとまりの内容を，一定の時間内で，わかりやすく伝えることが要求されます。「朝の1分間スピーチ」のように称して実践している学校や学級も多いことでしょう。

国語教育の実践研究としては，独話活動という言い方で蓄積がなされています。笠原登（1989a）は「独話を支える三要素」として「正しく」「わかりやすく」「感じよく」の３点を挙げました。それぞれの具体的な要素（＝指導事項）を，内容面と形式（表現）面から１つずつ以下のように示しています[5]。上段が内容面，下段が形式面に該当するものと考えられます。

「正しく」
　　・うそやごまかしのない内容の正しさ
　　・発音，アクセント，用語など表現の正しさ

「わかりやすく」
　　・自分勝手でなく，聞き手によくわかる内容で話す
　　・聞き手を見ながら話す速度に注意して話す

「感じよく」
　　・話し手の人柄やよさが出る
　　・表情や態度にその人らしい親しみが感じられる

「正しく」「わかりやすく」を目指すことは当然です。しかし，「感じよく」を最後に含めているところが話しことばの学習として大切です。話しことば１つで，人間関係は良好なものになります（ときに悪くもなります）。人と人とが直接やりとりする道具としてのはたらきを高める面からも，独話活動に取り組ませたいと思います。

そして，内容と形式双方の力を育てようと配慮している点も見逃せません。普通は国語の学習ということもあって，また話すことの技能（スキル）を高めるという意識もあって，いきおい形式面＝話し方の指導（学習）に傾斜がかかりがちです。しかし，聞き手が聞いていてうれしく，楽しくなるような独話（スピーチ）とするためには，内容面でも聞き手への配慮を抜きにはできません。独話は１人が多数に話す形態ですが，沈黙している聞き手とも通じ合えるよう正しく，相手が理解しやすいように，話し手ならではの事柄を選んでくることも大事な指導内容になります。各観点における内容面の事柄（上段）と形式面の事柄（下段）それぞれがつながり関連し合う活動を設定することが望まれます。

❷指導事項を限定する

また笠原は，独話指導では「具体的に話すための手だて」が欠かせないとして，「話し方をよくするために」気をつける事柄を挙げています。「話を視覚化する」「体全体で話す」「話の間を取る」「スピードに注意する」の４つです[6]。これは形式面を中心とした手立てのポイン

Chpater1　理論編　話すこと・聞くことの技能を高める国語の授業づくり｜11

トだと言えます。たとえば「話を視覚化する」ことについては，「比ゆてきな表現を用いる」「数字を使って現実感を出す」「会話体を入れて具体的な様子を表す」が示されています。

　これらの観点，内容は，得てして一気に（または同時に）指導したくなるものです。しかし，たくさんのことを同時に要求されると子どもたちは消化不良を起こします。目の前の子どもたちに必要なポイントを1つだけ指定して，それを条件に，つまりそのポイントでの表現を必ず挿入して独話（スピーチ）することを促します。教師から指定せずに，どのポイントを生かした表現を取り入れるか，話し手個人に選択させるのも一案です。

　そしてうまく意識して話すことができたら，その成長した点について的確に（強調して）ほめる＝評価することで，取り組んだ話し方は着実に改善されていきます。もちろん話すことは複数の言語技能が総合されてなされるものです。気になる話し方や留意点をその都度指導することはあってかまいません。それでも，年間を通して独話活動を位置付けるカリキュラム・マネジメントが成り立つのであれば，一定期間は，この「1つだけのポイント」を継続して指導内容とし，子どもたちに意識され改善が認められるようになってから，次の「1つだけのポイント」に移行するようにします。

❸テーマ，話題の設定に工夫を

　話すテーマ，話題については，子どもたちが話したいことを自由に，というやり方もあるでしょう。しかし，すぐに見つけられる子とそうでない子との個人差も大きく，難しい面もあります。笠原登（1989b）では，話すテーマは共通に教師のほうから指定して，それに関連した話題を各自が設定しています。これも1つの方法です。

　笠原は「子どもたちの興味関心をそそり，鮮度に富む話題選びが可能となるように，学級実態や時期に即応したテーマを与える配慮が必要」であり，「生活経験ばかり語らせることのないように」と指摘しています。その上で，例として「小さな調査や研究」「紹介や提案」「夢や想像」「ことばや人間」などを挙げ，多様な視点からテーマを選定し配列することを推奨しています。1年生では，以下のような話題が人気があったとして示しています[7]。（括弧内は選定したテーマです。）

ぼくのなまえおしえるね（自己紹介）／がっこうたんけんをして（校内めぐり）／ふしぎふしぎ（見聞・想像）／うれしかったことは（日常生活）／おとなになったら（将来の夢）／おかあさんたのむよ（父母への願い）／一まいのしゃしん（小さい頃の思いで）

　同じテーマで独話を続けているうちに，話し手が変わると異なった内容，異なった見方，感じ方があることに，また意外と同じような考え方をしていることに気付いていきます。後続する話し手は，よい話し方や表現は使ってみよう，逆に同じような内容やことばづかいにならな

いようにしよう，という意識が働く利点も生じます。

　話す内容のほとんどを教師で決めてしまうのではなく，また子どもたちに任せっぱなしにするのでもなく，決められた緩やかな枠の中で話し手が自由に話材を集め，選び，個性的な独話が展開されるよう配慮することも考えてみましょう。

4│話すこと─発表（プレゼンテーション）の技能が身につく活動

❶プレゼンテーション型特有の話し方への意識を

　独話活動の延長に発表すること，プレゼンテーション（以下，プレゼン）することがあります。調べたことや主張したいことを，聞き手に効果的に伝える活動です。これまでは発表するというと，調べ学習の内容を模造紙等に書いたものを一方的に伝える活動（まさしく「発表」）が多かったように思います。しかし，最近は ICT の発展で，PC でスライドを作成し，モニターやプロジェクターを使って投影して視覚に訴える発表，提案が多くなってきました。

　また従来型の模造紙等に書いたものによる発表についても，ポスターセッションのように，発表内容について一対一（一対少人数）で質疑応答等のやり取りを展開する形態も行われるようになってきています。模造紙の代わりにフリップを用いてのプレゼンも見られます。

　いずれにしても，どのようにすればわかりやすく内容を伝えられるか，見せる技術と話し伝える技術との融合，話し手と聞き手双方で発表内容の理解を深めていくコミュニケーションのありようが求められています。

　寺井正憲（2002）は，プレゼンに関する多くの専門書での指摘とした上で，プレゼンを充実させるために重視すべき３つの側面を以下のように挙げています[8]。

　・提案するテーマや内容，論理にあたる側面
　・伝える技術や話し方に当たる側面
　・話し手のもつエネルギーや人柄・人格の側面

　寺井は，これらのうち１つめの「提案するテーマや内容，論理にあたる側面」については国語教育でも論じられてはきたが，残る２つについては弱いと述べています。２つめの「伝える技術や話し方」については，声の大きさや間の取り方などは従来からの取り組みでもカバーできる面も多いでしょう。しかし，この後でも述べる話し手の姿勢や視線，表情などは，プレゼン特有の非言語（ノンバーバル）・コミュニケーションのあり方として捉え直し，習得させていく学習が必要になってきます。資料や機器の活用のあり方については，実際に触れ，使用する機会を多くする中で体験的に学ばせることが求められます。

　３つめの「話し手のもつエネルギーや人柄・人格の側面」を育てるには，プレゼンを必要と

する状況を設定することが実際的です。しかし，そう頻繁には設けられません。仮想の場合であっても，誰を聞き手としてのプレゼンか（相手意識），何のために，どのような内容を伝えるプレゼンか（目的意識）の2つを明確化，意識化して取り組ませることで，この側面でのアプローチは可能になるかと思います。

そして，具体的に気をつけたいこととして，以下の2点（対面性の重視，バランスのよい情報の質と量）があります。

❷対面性を重視する

プレゼンする場合についつい陥りがちなのが，提示している資料（模造紙やスライド画面）のほうばかり向いて，聞き手（聴衆）に目を向けずに説明を進めることです。模造紙の当該箇所を指示棒といっしょに目で追いながら「読み上げる」ことがよくあります。スクリーンに映っているスライドについても同じです。聞き手は前にいるのに，顔をそむけて横向きに，場合によっては後ろを向いて話すことが多くなります。

何も内容を覚えておいて前を向いて話す（発表する）必要はありません。ただ独話（スピーチ）の場合と違って，見せる資料がそばにあるだけに，どうしてもそちらに目がいってしまいます。PC でのプレゼンならスライドは PC の画面上にも映りますから，それを見れば「横向き（後ろ向き）発表」は回避されます。しかし，前面の PC 画面ばかり見て読み上げていたのでは，結局同じです。

資料を見て指し示す箇所と，聞き手を見て話す箇所とを事前に決めておき，目線や身体の向きを意識して調整できるよう練習したいものです。

❸情報の質，量それぞれを適切に

上述したように対面性を重視しようとすると，模造紙やスライド上に示す情報の質と量のあり方が大切になります。文（センテンス）より語句（ワード）で，すなわちキーワードで簡潔に見せること，言いたいことが一見してわかる図表，イラスト等を活用することなどを意識して資料を作らねばなりません。書くことと連動させて，こうした資料作成のあり方も，プレゼンする言語活動の重要な学習事項として授業に位置付けたいと考えます。

また情報量は，発表時間との対応で変化させねばなりません。資料の内容，体裁が変えられない場合には，予定時間との関係でどこをカットするか，逆にどこの部分をしっかりと説明するかを決定する必要が出てきます。同じ資料でも，時間に変化をつけてプレゼンのあり方を使い分けることにも取り組ませてみてはどうでしょう。

5 │ 話し合うことの技能が身につく活動

❶異同を意識して発言させる

　学級全体の話し合いであれグループでの話し合いであれ，順次発言する者の内容が同じことの繰り返しだったり，それまでの発言内容と関係のないことが続いたりしたのでは，深まりもまとまりも期待できません。いま発話されている事柄は自分の考えとどの程度同じなのか（異なっているのか），聞きながら判断できる力が必要です。その上で，どちらの立場なのか（どちらの立場にどれくらい近いのか）意識して話す力が求められます。こうした話す・聞く力をもった児童が多ければ多いほど，その集団でなされるコミュニケーション，議論は円滑で深いものになります。

　しかし，現実はなかなか思っているようにはなりません。「○○さんと同じで……」と話し始めたものの，実際は異なった立場での意見，ということもしばしばです。そうした状況では，異同を意識する聞くこと・話すことに特化した学習活動を構想する必要があります。

❷話し合いの目的，種類を意識させる

　一口に話し合いといっても，目的は様々なはずです。しかし，何のために話し合うのか，どのような形で話し合いを収束させればよいのか曖昧なまま話し合っている場合も少なくありません。なぜ話し合うのか，どのように話し合うのかを意識させることが大切です。

　このことに関して，山元悦子（2016）は他者と関係を形成する側面から言語コミュニケーション能力の発達モデルを構築した上で，学校社会におけるコミュニケーションの様相を３層（社会文化的側面，情意的側面，認知的側面）で示しています[9]。このうち認知的側面のコミュニケーションを「累積的コミュニケーション」と「探索的コミュニケーション」の２つに分けて捉えました。「累積的コミュニケーション」を「どんどん・つなぐ」タイプ，「探索的コミュニケーション」を「じっくり・まとめる」タイプというふうに，わかりやすく表現してもいます。

　この２つのタイプを意識するだけでも，話し合いのあり方はずいぶん違ってきます。意見や考えを述べる者も，司会者も，上記のタイプによって発話のありようは異なるはずです。そこをじゅうぶんに意識させて話し合い活動に取り組ませることです。目的や状況に即応して話し合うことなくして価値ある内容，結論は導き出しようもありません。

　子どもたちには「どんどん・つなぐ」ことをねらった話し合い活動を設定したほうがよい場合，「じっくり・まとめる」ために話し合いさせたほうがよい場合，両方経験させてやりたいものです。「○○について『どんどん・つなぐ』話し合いをしていくよ。時間は○分」のように活動の目的と方法を知らせて，取り組ませていきましょう。

Chpater1　理論編　話すこと・聞くことの技能を高める国語の授業づくり │ 15

6 | 話すこと・聞くことの質を高める論理的思考力

❶論理的思考力の具体を話し方・聞き方のありように関連付ける

　Aということについて話そう（説明しよう）とする場合を考えます。Aのことを丁寧に詳しく説明することも１つの方法ですが，Aとは異なるBのことをもち出し，それと比べて違いを際立たせることで，Aというものの特性，特徴がよく理解できます。「比較」という思考法を意図的に用いた話すことです。これは聞き手側にも言えることです。AとBとを適切に比較して聞くことができると，「よくわかった」「なるほど」と思えます。

　よき話し手，聞き手となるために使わせたい主な論理的思考力としては，「比較」の他に「類別（分類）」「順序」「原因・理由」などもあります。「類別（分類）」を意識して話すというのは，内容・事柄をいくつか適切なグループに分けて整理して話すということになります。同じものどうしを一括りにして，まずこれを，次にこのことをというふうに話された事柄は，聞いていても理解しやすいものです。「類別（分類）」した上で，「順序」という思考を使って話す，ということでもあります。

　聞き手が「類別（分類）」思考を働かせて聞くというのは，能動的な聞く行為となります。仮に話し手の話が先のように類別（分類）されずだらだらと羅列されたものであったら，聞き手側で整理をして聞いていかざるを得なくなります。話し手も聞き手も話の内容を分類することができなければ，そこで交わされる話はあまり意味をなさないものになります。伝わりにくく，理解しにくい時間が過ぎていくことになります。

　「原因・理由」の思考を働かせる話し方は，もっとも行われているものでしょう。「……だと思います。なぜかというと……だからです」という発言の仕方の指導は基本的なものです。これは授業の深まりを実現するためにも不可欠な指導です。学年が上がってくれば「なぜかというと」以外の表現にも目を向けさせていきたいものです。「……と考える理由は……です」「その理由（わけ）は，……です」のようなものもあります。「こういう言い方でもいいよ」と勧めたり，そのように違った言い方をした児童がいれば「今の○○さんの言い方は，理由を言うときの違った表し方としていいね」と褒めたりして広げていくことができます。

❷論理的思考力に対応した話型を活用する

　こうした論理的思考力を発揮させるための手立てとして，話型を示しそれを活用して話すようにさせることは多くの教室で行われています。萩中奈穂美（2017）は，書くこと領域のものとしてですが，先行研究をもとに説明の対象認識で必要とされる思考法を類型化し，それに対応する表現例（論理的な思考を促す論理的な表現例）を整理して示しています[10]。たとえば思考法としての「比較」は，関連語として「共通・相違」があるとし，表現例には「○と△を比べると，○の方が△より〜である」「○は〜だが，△は〜である」「○が〜なのに対し，△は〜

だ」「○は〜である。一方，△は〜である」などが示されています。思考法としての「評価」の場合は，関連語としては「批判」が置かれ，表現例としては「…は〜に合っている」「〜であるべきなのに…では問題だ」「〜といえるのだろうか」などが挙げられています。

これらは話す際の型としてもじゅうぶん適用できます。論理的思考力を働かせて，わかりやすく説得力のある話すこと（そして聞くこと）が通常となるよう意識付けていきたいものです。

7 | 「活動アイデア44」の特徴と活用法

本章で述べたことも踏まえ，第2章では話すこと・聞くことの力，技能を高めるための活動アイデアを44例示しました。発達段階による内訳区分として，全学年どこでもやり方をアレンジすれば共通的に行える活動を9例，低学年を対象とした活動を11例，中学年対象の活動が12例，高学年も同じく12例です。低，中，高学年の区分は一応の目安であって，行い方や子どもたちの実態に応じて区分を超えて実践することも可能かと思います。

活動例の内容面での種類は，次のように設定しています。

聞くこと領域　……　聞き取り系，インタビュー系
話すこと領域　……　説明系，スピーチ系，プレゼン系，話し合い系，討論系
話すこと・聞くこと両方の領域　……　メタ認知系

話すこと・聞くことの活動には他のタイプのものもあるでしょうが（対談，鼎談など），基本的なもの，ぜひ身につけ活用させたいものに限定しました。またインタビュー系，話し合い系，討論系などは，話すこと・聞くこと両方の領域に関わった活動ですが，一応の区分としました。

メタ認知系は，話し方，聞き方のありようそのものを自覚する活動を指します。自分は（自分たちは）どのように話して（聞いて）いるのかモニターし，よさや問題点を把握すること。そしてそれを改善する観点，方策を具体的に見いだし実行すること。こうした反省的で，自覚的な学びは，話すこと・聞くこと領域において，今後ますます重要になってくると思われます。

そして活動例のもう1つの区分のあり方として「基本・スキル型」と「応用・活用型」の2つを用意しました。「基本・スキル型」は，目指す力，言語技能（スキル）に特化して展開されるものです。「応用・活用型」は，「基本・スキル型」で身につけた力，スキルを使って（活用して）違った話すこと・聞くことを展開する活動イメージで設計されています。学校・学級の実態，使える時間などを勘案し，うまく関連させて実践できればよいでしょう。

これらの区分については各活動例の見出し部分に記載しています。参考にしてください。

Chpater1　理論編　話すこと・聞くことの技能を高める国語の授業づくり

8 | 「単元展開例」の特徴と活用法

　Chapter2の「活動アイデア44」で示した様々な学習活動例は，スピーチ，プレゼンテーション，話し合い，インタビューなどの話すこと・聞くことに関するそれぞれの力を，取り立てて育てることを意図したものです。短い時間で，手軽に行えることが利点です。しかし，実際のコミュニケーションの場での話すこと・聞くことは，型どおりにはいかないことが多々あります。うまく話せず，聞き取ることも不十分…。失敗を経験し，なぜうまくできないのか考え，問題を解決するためのスキルを磨くことで，何とか想定していたことに近いコミュニケーションが成り立つようになります。より実際に近いコミュニケーション場面でのつまずきを克服する中での話すこと・聞くことこそが，その子の本当の意味での話す力・聞く力につながります。

　そこでChapter3では「話すこと・聞くことの技能が身につく活動を位置付けた単元展開例」として3つの実践を収めました。「活動アイデア44」で培う力をより確かで豊かなものにすることをねらった授業づくりを示しています。各実践例の冒頭に「Chapter2の活動アイデアとの関連」欄を置いたのは，活動アイデア，単元の双方で，話す力・聞く力を充実させたいという願いの表れです。また，話すこと・聞くこと単元の学習で身につけた話す力・聞く力は，活動アイデアの学習をいっそう楽しいものにするはずです。活動アイデアの学習と，話すこと・聞くこと単元の学習が相互に行き来するカリキュラム・マネジメントにも取り組みたいものです。

〈参考文献〉

1　安居總子（2004）「—よいきき手を育てるために—きく（聴く・聞く）力を育てる」『月刊国語教育研究』，日本国語教育学会，No.389，pp.4-9

2　道田泰司（2001）「批判的思考—よりよい思考を求めて」森敏昭編著『おもしろ思考のラボラトリー』北大路書房，pp.99-120

3　斎藤美津子（1972）『きき方の理論—続・話しことばの科学』サイマル出版会，pp.175-190

4　井上尚美（2000）「新時代の国語教育を考える—第3のミレニアムと21世紀を迎えて—」井上尚美編集代表『言語論理教育の探究』東京書籍，pp.1-16

5　笠原登（1989a）「独話指導の手引き」森久保安美編著『話しことばが育つ学級』明治図書，3版1993，pp.110-111

6　同上書，pp.111-112

7　笠原登（1989b）「独話活動はコミュニケーション」，5の文献，pp.76-77

8　寺井正憲（2002）「コミュニケーション教育としてのプレゼンテーション学習の充実」『月刊国語教育研究』，日本国語教育学会，No.359，pp.4-9

9　山元悦子（2016）『発達モデルに依拠した言語コミュニケーション能力育成のための実践開発と評価』溪水社，pp.116-120

10　萩中奈穂美（2017）『「説明表現能力」育成のための学習指導論』溪水社，pp.108-111

（吉川芳則）

Chapter2

指導編

話すこと・聞くことの技能が身につく活動アイデア44

| 全学年 | 基本・スキル型 | インタビュー |

1 ほめほめインタビュー

●対象学年：全学年　●活動時間：5分

つけたい力，スキル

・ペアでインタビューを行い，相手の発言を引き出したり受容したりすることができる。

1 この活動のねらいと指導のポイント

　ペアでのインタビューを通して互いに相手の発言を肯定的に受け止め合う経験を積み，学級の支持的風土づくりの手立ての1つとして活動を位置付けます。子どもたちは，もともと話すことが好きで，自分の話をきいて欲しいという願いをもっています。しかし，話す内容や話し方に自信がもてず，消極的になってしまっていることがあります。朝の会や終わりの会のほんの少しの時間でも，自分の思いを話し肯定的に受け止めてもらえたという経験は，児童の自信につながっていきます。

　また，インタビューの様子を観察し合い，「ほめ上手ナンバーワンは誰かな？」と聞き手側の視点に立って，「聴き方」について学ぶ機会にもなります。相手の目を見ながら聴く，うなずきながら聴く，相槌を打ちながら聴く等の聴き方について体験を通して学んでいきます。

2 評価のポイント

・相手の発言を受け止め，うなずいたり相槌を打ったりしながら聴くことができていたかインタビュー中の様子を観察して評価していきます。
・話し手側は，インタビューを受けた感想から，「うなずきながら話を聴いてもらって話しやすかった」，「そうそう！と言いながら聴いてくれたからうれしかった」等，「聴き方」に関する部分に着目させ，自身が聞き手側になったときに生かせるように促していきます。

日常化のポイント

・学級の「ほめほめポイント集」等を作成し皆で共有することで，日頃からよりよい聞き手を意識できるようにします。

3 活動の進め方

❶活動のやり方を知る（2分）

T　今日は，ほめほめインタビューという活動をします。この活動のポイントは，友だちの発言を受け止めることです。どんなふうに聴いてもらえたら，みんなは「わたしの話をちゃんと聴いてくれてるな」と感じますか？

C　うなずきながら聴いてくれる。

C　ちゃんと目を見ながら聴いてくれたとき。

C　相槌をうってくれるとうれしい。

T　そうだね，みんなが今言ったような聴き方をしてくれると，うれしいね。では，隣の人とペアで「ほめほめインタビュー」をやってみましょう。インタビューする内容は，好きな○○や最近はまっていること等，どんな内容でもかまいませんよ。

❷ほめほめインタビューをペアで行う（2分）

A　Bさんの好きな食べ物は何ですか？

B　わたしの好きな食べ物は，ハンバーグです。

> 相手の発言にあった言葉を引用したり，話の内容を繰り返したりすることで，「ほめほめ」がうまくいきます。

A　**わぁ，いいね，ハンバーグはおいしいよね。**（ほめほめの部分）
　　おうちのハンバーグが好きなの？　それとも給食のハンバーグ？

B　給食やお店のハンバーグも好きだけど，やっぱり家のハンバーグかな…

A　**やっぱり手作りがいいよね，熱々で食べられるしね。**（ほめほめの部分）
　　家のハンバーグはどんなハンバーグなの？
　　　⋮
　　やりとりが続きます

❸活動の振り返りをする（1分）

　最後に，活動を振り返り，話し手・聞き手それぞれの感想を交流します。上手にできていたペアを皆に紹介し，やりとりの様子を観察することで振り返りに替えることもできます。

・インタビューの時間は，学年に応じて変更していきます。高学年は，慣れてくれば2分ほどやりとりを続けることが可能になりますが，低学年はやりとりを長く続けることは難しいです。長くやりとりを続けることよりも，相手を替えながらインタビューの回数を増やすことから始めるようにします。

Chpater2　指導編　話すこと・聞くことの技能が身につく活動アイデア44　21

> 全学年 　基本・スキル型 　スピーチ

2 好きな○○，理由は３つ!!

●対象学年：全学年 ●活動時間：5～10分 ●関連教材：「わけをはなそう」（光村1年）他

つけたい力，スキル

・好きなものに対しての理由を３つ考えて話すことができる。

1 この活動のねらいと指導のポイント

　好きなものに対しての理由を３つ考えてスピーチができるようにしていきます。たとえば，「ぼくの好きな果物はりんごです。どうしてかというと，①シャキシャキした食感が好きだからです。②すりおろして食べることもできるからです。③皮付きで食べてもおいしいからです」というように理由付けを行うことで，スピーチの内容を膨らませることをねらいます。

　「おいしいから」や「楽しいから」というどの内容にも当てはまる理由ではなく，できる限り具体的にその内容に合った理由付けができるように取り組んでいきます。低学年も，経験を重ねることで「おいしいから」だけでなく，「甘さと酸っぱさが混じり合っておいしいから」というような内容を自分なりのことばで話すことができるようになります。

　話し方の例として，「私の好きな果物は○○です。理由は３つあります。１つ目は…，２つ目は…，３つ目は…」や，「ぼくの好きなスポーツは□□です。なぜかというと，○○だからです。また，□□だからです。そして，…」という話し方を提示することもできます。

2 評価のポイント

・理由を３つ考えて話すことができたかどうかをみます。
・中学年以上は，理由が具体的であったか，３つの理由の順序性はどうであったかという発展的な内容に触れた評価をすることもできます。

日常化のポイント

・考えた３つの理由を箇条書きでメモしておき，スピーチのときに持ちながら話してもかまいません。この活動では，３つの理由を考えて話すことが大切なので，暗記して話さなければならないということはありません。

3 | 活動の進め方

❶お題を確認して，好きな○○と理由３つを考える（3分）

T　今日のお題は「好きな動物」です。どうしてその動物が好きなのか理由を３つ考えましょう。理由が考えられた人は，小さな声でスピーチの練習をしておきましょう。

（C　好きな動物とその理由を考える。）

❷スピーチをする（1分）

C　ぼくの好きな動物はイルカです。理由は３つあります。まず…，次に…，最後に…だからです。

❸スピーチを聞いての感想を交流する（2分）

　スピーチを聞いて感じたことや，話し方，理由付けに関すること等，内容面と形式面での感想を交流し合えるようにします。

[スピーチメモ例]

```
┌──────────────────────────────┐
│   好きな○○，理由は３つ!!　スピーチメモ   │
│         名前（            ）        │
│ 好きな○○ ┌─────────┐              │
│          │  りんご  │              │
│ 〈理由〉  └─────────┘              │
│ ① シャキシャキ                     │
│ ② すりおろしてもおいしい            │
│ ③ 皮ごと食べられる                 │
└──────────────────────────────┘
```

```
┌──────────────────────────────┐
│   好きな○○，理由は３つ!!　スピーチメモ   │
│         名前（            ）        │
│ 好きな○○ ┌─────────┐              │
│          │  うさぎ  │              │
│ 〈理由〉  └─────────┘              │
│   理由の順番を考えて□の中に数字を書こう！ │
│ ③ ・だっこできる                   │
│ ① ・毛がふわふわ                   │
│ ② ・目がくりくりしていてかわいい      │
└──────────────────────────────┘
```

　理由は思いついたものからメモしていき，後から話す順番を考えることもできます。

発展例

・1回の活動で全員がスピーチをする場合は，もう少し時間がかかります。

・朝の会や終わりの会，国語の時間で少し時間があるとき等に数人ずつスピーチを行うこともできます。

・低学年の「おなじかな？ちがうかな？」「どうしてそのじゅんばん？」，中学年の「その理由でだいじょうぶ？」と関連させることで，互いの意見の相違点や共通点を聞き分けたり，理由の妥当性を考えたりする学習を行うこともできます。

・同じものを取りあげたスピーチが複数あった場合には，中学年の「分け分けしてから比べよう！」や高学年の「みんなの意見を整理しよう！」と関連付けて，理由を類別したり整理したりする学習へと発展させることもできます。

Chpater2　指導編　話すこと・聞くことの技能が身につく活動アイデア44 ｜ 23

| 全学年 | 基本・スキル型 | スピーチ |

3 ぴったりスピーチ

●対象学年：全学年　●活動時間：5～10分　●準備物：タイマーやストップウォッチなど時間の経過がわかるもの

つけたい力，スキル

・自分の話量に関心をもち，限定された時間の中で自分の考えや思いを伝えたり，話の構成を考えて話したりすることができる。

1 この活動のねらいと指導のポイント

　この活動では，30秒，1分，3分，5分といった限定された時間の中で，自分の伝えたいことを伝えたり，話の構成を考えてスピーチしたりすることをねらいます。時間の条件は，教師側が提示する場合と，スピーチをする児童自身が「今から〇分でスピーチします」と宣言する場合の2つが考えられます。また，時間の経過を見ながら話す方法と，自身の時間感覚をもとに時間の経過を見ずに話し，話し終えてから時間を確認する方法とがあります。対象学年や児童の実態に応じて変化をつけながら活動を行います。

　日常生活中で，教師も児童も自分がどのくらい話しているのか，その分量を意識することは多くありません。この活動を通して，自分自身の話量や時間感覚に関心をもち，自分自身のことばを見つめ直す機会とします。

2 評価のポイント

・限定された時間の中で自分の考えや思いを伝えることができたかどうか，スピーチを通してみていきます。初めから時間通りに話すことは難しいので，日常的に活動を行い，経験を重ねることで成長をみていくことも大切です。

日常化のポイント

・ゲーム感覚で楽しみながら活動を行ったり，時には立ち会い演説のような形態でやや緊張感をもって活動を行ったり，児童と相談しながら様々な場面設定で取り組むことが可能です。

3 | 活動の進め方

※活動全体の所要時間は，一度に何名の児童がスピーチを行うかで変わってきます。

教師が時間を指定する場合

❶スピーチの時間を知り，話すことや構成を考える（3分）

T　今日のスピーチの時間は1分です。話す内容を考えましょう。

❷1分間スピーチをする（1分）

　スピーチをする児童に話す準備ができたかどうか確認をして，計時を始めます。教師と聴衆のみが時間の経過を見ることができます。

C　昨日のニュース番組で〇〇ということを伝えていました。ぼくは…

❸実際のスピーチ時間を聞き，活動の振り返りをする（2分）

T　さきほどのスピーチ時間は45秒でした。ぴったりスピーチをしてみてどうでしたか。

C　けっこうたくさん話したつもりだったのに，まだ1分経っていなくて驚きました。でも，1分がどのくらいかイメージできたので，次は，ぴったりにできると思います。

児童が時間を宣言する場合

❶時間を宣言してから，スピーチを始める（3分）

C　今日は3分で思い出の運動会についてスピーチをします。わたしは…，

[タイマーを見ながら話す場合]

　自分の宣言した時間内は，話し続けるようにします。あらかじめ考えていた内容を話し終えてしまいそうな場合は，間合いを考えて話したり，話を付け加えたりして調整します。

[タイマーを見ずに話す場合]

　上記の「教師が時間を指定する場合」と同様です。

❷活動の振り返りをする（5分）

　実際に計時をしながらスピーチをしてみての感想や，時間感覚，話すスピードや間の取り方等の観点で活動を振り返っていきます。スピーチメモの段階で，ある程度の分量を調節していても，実際に皆の前でスピーチをすると緊張して早口になり早く終わってしまうことや，聴衆の反応を見ながら話すと1人で練習したときよりも時間がかかること等，経験を通して学んでいけるようにします。

Chpater2　指導編　話すこと・聞くことの技能が身につく活動アイデア44　│　25

| 全学年 | 基本・スキル型 | スピーチ |

4 今日のできごと，3行ニュースの時間です

●対象学年：全学年 ●活動時間：5分

つけたい力，スキル

・今日のできごとについて，3文で簡潔にスピーチすることができる。

1 この活動のねらいと指導のポイント

　この活動では，3文で今日のできごとについて簡潔にスピーチすることをねらいます。何が，どうしてどうなったのか，またどう感じたのか等，3文で話を完結させていきます。たくさんの量を話すことが重要なこともありますが，自分の言いたいこと，伝えたいことを的確に，かつ簡潔に述べることも話す力としては重要です。また，1人あたり3文でスピーチを終えることができるので，一度に多くの児童がスピーチを行うことも可能になります。

　指導するときには，1文で表現する内容は1つであることを児童と確認する必要があります。児童は，「今日は〇〇の時間に□□をして，〇〇だったので，□□な気持ちになって…」というように1文にたくさんの情報を詰め込みがちです。一見すると簡単そうな活動ですが，この活動を通して，文そのものの在り方についても学ぶことができます。1回でうまくスピーチできる児童ばかりではありません。児童が繰り返しチャレンジできる場を設定していくことが上達への近道となります。

2 評価のポイント

・3文の中に，どんなできごとがあったのか，どうしてどうなったのか，どう感じたか等の要素を含め，自分の伝えたい内容を話すことができているかをみていきます。
・聞き手側も限られた情報の中で，話し手の思いを受け止めることができたか，話し手の意図を捉えることができたかを，感想の発言を中心に評価していきます。

日常化のポイント

・業間休み（20分休み）や昼休み直後の授業の冒頭に，「休み時間のできごと3行ニュース」として活動を行うこともできます。

3 | 活動の進め方

❶活動の説明をする（2分）

　まず，今日のできごとを3文でスピーチすることを伝えます。1つの文で表現する内容は1つであることも確認しておきます。1文に1つの情報ということがわかりにくければ，教師がよい例や悪い例を実演しながら具体的に説明していきます。

❷3文でスピーチをする（30秒）

C　①今日，休み時間に友だちとおにごっこをして遊びました。
　　②ぼくは，一度もつかまりませんでした。
　　③ずっと走っていたので疲れたけれど，とても楽しかったです。

❸聴衆から質問やスピーチを聞いての感想を伝える（2分）

T　詳しく聞きたいことがあれば，質問しましょう。質問がなければ，スピーチを聞いての感想を伝えましょう。

　質問や感想は自由発言として行う場合と，話し手が聴衆を指名して行う場合が考えられます。また，スピーチを聞いての感想を隣同士で交流したり，グループで交流したりすることもできます。スピーチを聞く活動を通して，自分自身の聞く力だけでなく，話す力の向上にもつなげていきます。

全学年　　基本・スキル型　　説明

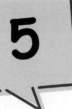

5 一言紹介リレー

●対象学年：全学年　●活動時間：15分　●準備物：バトンの代わりとして使うボールやぬいぐるみなどの小物（なくてもよい）

つけたい力，スキル

・テーマに沿って，自分の考えや経験を理由と共に話すことができる。
・友だちの発言を自分の考えと比較しながら聞くことができる。

1 この活動のねらいと指導のポイント

　好きな○○や最近うれしかったこと等の簡単なテーマからはじめ，自分のことを皆の前で話す経験をより多く積むことをねらいます。また，互いの話を目と耳と心で聞き合うことで，安心して話すことのできる学級の雰囲気づくりを目指します。

　学年に応じて，身近なことや経験だけでなく，ニュース内容や新聞記事をもとに自分の考えを交流することも可能です。その場合は，事前にその内容を伝えておくことで苦手な児童への手立てとなります。しかし，時にはその場で考えて発言するという経験も大切です。

2 評価のポイント

・テーマに応じて，自分の考えとその理由，自分が経験したこととそのときの感想等が言えているかどうかをみていきます。
・声の大きさや表情，身ぶり等，話し方に関することも評価言として児童に伝えていくことで，表現の工夫に対する児童の意欲が高まります。

日常化のポイント

・学級内の雰囲気づくりの1つとして，自分の考えを相手に伝える大切さを学ぶとともに，1人1人の話を大切に聞く姿勢も育っていきます。小さなボールやぬいぐるみをバトンの代わりに回していくことで，自分の順番を意識させるだけでなく，話し手に注目させることができ，安心して話すことのできる場をつくり出すことができます。

3 | 活動の進め方

❶場づくりとして，みんなで輪になって座る（2分）
（グループで行う場合は，机を班の形にします。）
T　みんなの顔が見えるように輪になって座りましょう。（教師も輪に加わる。）今日は自分の好きな色とその理由をみんなに紹介していきます。

❷1人ずつ好きな色とその理由を説明していく（10分）
はじめに発言する児童を指名し，その後は座っている順にリレー形式で説明をしていきます。
T　では，○○くんからどうぞ。
C　はい。ぼくの好きな色は青色です。なぜかというと海が好きだからです。
C　わたしは，ピンク色が好きです。なぜかというと…
低学年の場合は，教師がはじめに答えることで話し方の見本を示すこともできます。

❸感想を交流する（3分）
最後に，みんなの発言を聞いた感想や活動をやってみての感想を聞いていきます。教師は，活動の中で印象に残った話し方や聞き方，発言内容に関して評価言としての感想を伝えます。
C　同じ色が好きな人でも，理由はみんなちがっていたので楽しかったです。
C　○○さんの理由が，くわしく説明していてわかりやすかったです。
T　なぜその色が好きなのか，全員がくわしく理由を言うことができましたね。

全学年　　応用・活用型　　説明

6 うまく伝わるかな？

●対象学年：全学年　●活動時間：10〜20分　●関連教材：「これは，なんでしょう」（光村１年），「ことばで絵をつたえよう」（東書２年）

つけたい力，スキル

・あるものや事柄，絵画等について，その形態や特徴を中心に説明していき，実物を見ていない聞き手にうまく伝えることができる。

1 この活動のねらいと指導のポイント

　この活動では，あるものや事柄，絵画等を対象にその形態や特徴を中心に聞き手に伝わるように説明することができる力を育てていきます。聞き手は，そのものを見ていない状態で話し手の説明を聞き，話し手が伝えようとしているものが何なのかを考えていきます。必要に応じて，聞き手から質問を行うことで不足する情報を補うことができます。低学年は，身のまわりにある具体的なもの，中学年ではものに限らず事柄等やや抽象的なもの，高学年では絵画作品等を題材にします。また，絵描き歌のように絵の描き方を順に説明していく活動もできます。その場合は，上下左右等の位置に関する情報，パーツの形や大きさを的確に説明しなければうまく伝わらないため，指示語の役割や比喩の効果等を学ぶことにもつながります。

　日頃，目にしているものでも言葉だけで説明されるとイメージが浮かばないこともあります。また，同じものを見ていたとしても人によってその捉え方が異なっていることもあります。話し手が説明を行い聞き手が答えるというクイズの要領で，楽しみながら相手にわかりやすく説明する方法を学んでいくことができます。

2 評価のポイント

・題材となったものの特徴を捉え，相手にわかりやすく伝えることができているか，実際のやりとりや話し手のメモ等を中心にみていきます。
・絵の描き方を説明した場合には，聞き手が描いた絵も参考にします。

3 | 活動の進め方

ペアで行う場合（低学年）

❶やり方を確認する（2分）

　まず，教師が話し手（出題する人）として児童にヒントを出していき，実際の活動を通して，やり方を説明していきます。ヒントとなる情報数は児童と相談して設定するようにします。

T　今から，先生が説明するものを当ててくださいね。ヒントは3つ出します。

T　1つ目，四角い形をしています。

T　2つ目，この教室にもあります。

C　はい，つくえですか？

T　ちがいます。では，最後3つ目のヒントです。

　　　　：

❷相手に伝えるものを決め，その特徴を考える（3分）

　自分が相手に伝えようと思うものを決め，その特徴を考えていきます。必要があれば，特徴を箇条書きでメモにとっておくようにさせます。

❸ペアで，交互に出題し合う（5分）

　題材を選ぶときには，どの児童もある程度知っているものになるように学級で確認を行っておきます。抽象度の高いものの場合，聞き手は，自身の知識や生活経験等と結び付けながら推測するため，状況設定を共通理解しておくことも重要になります。

　文房具や教室にあるもの，校庭の遊具等の身近なもの，入学式，運動会や音楽会，お花見，花火等のやや抽象的な事柄等，児童の実態に応じて題材を工夫することができます。

絵画で行う場合

①話し手は絵画を見ながら，その特徴や自分が感じたこと等を説明していきます。

②聞き手は，その説明を聞いてどのような絵をイメージしたかを話し手に伝えます。

③聞き手に絵画を見せ，イメージが合っていた点，違っていた点等を伝えていきます。話し手は，説明することが難しかった点や自分がどういう意図で説明を行っていたか等を伝えていきます。

④互いに絵画を見て感じたことや，活動をしてみての感想等を交流し合い，多様なものの見方・考え方を育てるようにします。

Chpater2　指導編　話すこと・聞くことの技能が身につく活動アイデア44 | 31

| 全学年 | 応用・活用型 | 話し合い |

7 トーキングタイム

●対象学年：全学年　●時間：10〜15分　●準備物：名前マグネット（できれば裏表のあるもの），タイマーかストップウォッチ，書記の児童用の踏み台や椅子

つけたい力，スキル

・進んで自分の考えを話したり，友だちの考えを聞いたりすることができる。
・グループで協力しながら，司会や書記，タイムキーパーの役割を分担し話し合いを進めることができる。

1 この活動のねらいと指導のポイント

　話し合い活動に進んで参加しようとする意欲を高めるとともに，司会や書記の体験をすることで話し合いの進め方を学びます。
　子どもたちが自分たちの興味のある話題を設定することで，自分の考えを話したり友だちの考えを聞いたりすることに楽しみを感じられるようにします。話題は「AかBかどっちがいい？」という2択型や「好きな〇〇」等が考えられます。話題を考えるためにグループ内で話し合う機会（休み時間や給食中等）が自然と生まれます。
　低学年は，話題の設定が難しいことがあるのでその場合は教師も一緒に考えます。考えや意見，その理由は端的に発言させます。司会や書記は経験を積むことを重視し，必要に応じて教師が支援することで苦手意識を感じさせないようにします。
　5人グループの場合，司会・タイムキーパーを2人で，書記を3人で行います。（学年やクラスの人数によって変わりますが，1グループ4〜5名が適当です。）

2 評価のポイント

・意欲的に自分の考えを発言することができていたか，友だちの考えを聞くときには相手の方を見ながら，うなずく等の反応をしながら聞くことができていたかをみます。
・進行を担当したグループは，協力しながら司会や書記，タイムキーパーをすることができていたかをみます。うまくできたことをその都度フィードバックし，次回につながるようにします。

3 | 活動の進め方

❶ 話題を伝え，話し合いを始める。タイマーを10分にセットする（1～2分）

まず，司会の児童が話題に対する自分の考えと理由を伝えます。

司会　今からトーキングタイムを始めます。今日の話題は「朝ごはんは，パンとご飯のどっちがいいですか」です。ぼく／わたしは，○○です。なぜかというと□□だからです。みなさんは，どうですか。

❷ みんなで話し合う（8分）

次に，それぞれが自分の考えと理由を話し，互いの考えを交流していきます。書記の児童は，発言者の名前マグネットを貼り，その下に意見を書いていきます。

途中で意見が変わった場合は，書記の児童が黒板の名前マグネットを裏返し移動させます。

❸ まとめをする（1～2分）

最後に，司会の児童がみんなの考えや話を聞いて思ったことや感じたことを言います。時間にゆとりがあれば，参加者からの感想も交流することができます。

・初めて活動を行うときには，活動の流れを説明しながら教師が司会と書記をして進めます。2回目以降は，教師が支援をしながら児童に進行を任せていきます。
・低学年は，慣れるまでは教師の進行のもとで進めたり，書記は教師が手伝ったりすることで，うまく活動が進められます。
・自分の考えがまとまるまでに時間がかかる児童もいるので，話題は活動する日の前日までにクラスのみんなに伝えておくようにします。（終わりの会でお知らせする，学級内の掲示板などに提示しておく等）

[板書例]

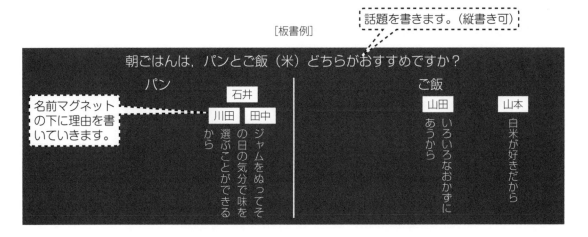

Chpater2　指導編　話すこと・聞くことの技能が身につく活動アイデア44

| 全学年 | 応用・活用型 | プレゼンテーション |

8 ポスターセッションに挑戦！

●対象学年：全学年　●活動時間：30〜45分＋調べ活動とポスターを作成する時間
●準備物：ポスターを掲示するもの（黒板やホワイトボード等）

つけたい力，スキル

・自分の考えや調べたこと等をまとめたポスターを使いながらプレゼンテーションを行うことができる。

1 この活動のねらいと指導のポイント

　この活動では，ポスターを使いながらプレゼンテーションを行い，要点を絞って説明をしたり，口頭での補足が必要な部分を抽出して説明したりすることの大切さを学んでいきます。また，その場で適宜，質疑応答を行うため臨場感のある発表になります。グループで１枚のポスターを作成した場合には，順番に発表を担当することで，全員が発表を経験することができます。ポスターにまとめることで，わかりやすくまとめることや図やグラフを効果的に使用すること等，話す力だけでなく書く力，まとめる力も身につけることができます。

　本来は，参加者がポスターを見てまわり，自分が興味のある発表者のところで発表を聴きます。しかし，この方法では聴衆がいないスペースができてしまう可能性があります。ポスターセッションのやり方を学ぶことを目的とした活動のため，ローテーションを組んで聴衆なしの状態ができないようにするといった配慮が必要になることもあります。

2 評価のポイント

・発表をするときには，聴衆の反応を見ながらわかりやすく話すことができていたか，質問に適切に答えることができていたか等をみていきます。

日常化のポイント

・生活科や総合的な学習の時間と連動させ，学級内だけでなく学年全体での発表会も応用できます。体育館等の広い場所が確保できれば，オープンスクール等で保護者の方向けに発表を行うこともできます。

3 | 活動の進め方

❶場の設定をする（5分）
　教室内は可能であれば机がないほうが活動しやすいですが，難しければ端や後ろに移動させ，できる限り広いスペースを確保します。ポスターセッションでは，発表者と聞き手の距離が近いことが特徴の１つであり，場の設定が重要です。教室内のイメージは下記の通りです。

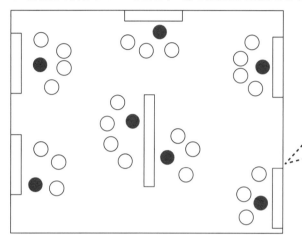

・☐がポスター掲示場所，●が発表者，○が聴衆
・教室の壁面や黒板，可動式のホワイトボードやパネルを活用して場を設定します。

❷ポスターセッションをする（25分）
　発表者は，各自のスペースで待機しておき，聞き手は自分の興味のある内容のところへ移動して発表を聴きます。気になったことやもっと詳しく説明をしてほしいこと等を質問し，発表者はそれに答えていきます。１ターンあたり５分程度で，数回ローテーションしていきます。
　グループ等で作成したポスターを使用して発表を行う場合は，その都度，発表者を交代し，全員が発表を経験できるようにします。

❸活動の振り返りをする（5～10分）
　ポスターセッション方式で発表をしてみた感想や皆の発表をきいた感想を交流していきます。うまく発表できた児童に，もう一度発表をしてもらい，上手な発表ポイントを学級で共有することもできます。

| 全学年 | 応用・活用型 | メタ認知 |

9 すごろくトーク

●対象学年：全学年　●活動時間：ショート版10〜15分，ロング版30〜45分　●準備物：すごろく用紙，サイコロ，コマ（自分の場所がわかれば何でもよい）

つけたい力，スキル

・話すこと・聞くことの学習で学んできた内容を，自分のことばで説明したり，実際にやって見せたりすることで，理解できているかを自分自身で再確認することができる。

1 この活動のねらいと指導のポイント

　これまでに学んできた話すこと・聞くことに関する知識や技能がどの程度身についているか，理解できているかを自分自身で確認することで，さらなる技能の向上や思考力・表現力の向上を目指します。すごろくゲームを通して，学級全体や班で楽しみながら総復習ができるようにします。話すこと・聞くことに関する取り立て指導の内容がその時だけのものにならないように，活動が終わったらすごろく用紙に書き込んでいき，学級の学びの足跡としても活用できます。日々の学習の中で意識できるようにすることで，いつでも児童がその内容をふり返ることができ，生きて働く知識技能となっていきます。

　1年間の学びを残していき3学期に総まとめとしてすごろくを活用する方法，前学年までに学んできた内容を視覚化するためにすごろくを活用する方法等，すごろくに書く内容は学級の実態に合わせてアレンジすることが可能です。

2 評価のポイント

・学んだ内容を自分のことばで説明できているかをみていきます。

・自分のことばで説明する場合も，言う，書く，実際にやる等のバリエーションが考えられます。

・児童の実態に応じたみとりができるように児童と相談しながら，すごろくに記入する内容を考えることで，評価内容を共通理解することができます。

3 | 活動の進め方

❶すごろくを行い，ゲーム感覚で総復習を行う（10〜30分）

　班ごとにすごろくを楽しみながら学習したり，学級全体で一枚の大きなすごろくを準備して学習したりすることができます。

❷活動の振り返りをする（みんなで交流する，自己評価シートに記入する等）（5〜10分）

　ゲーム感覚での総復習ではありますが，楽しんで終わりではなく，学びとなるように活動を終えての振り返りを行います。「覚えていない内容があった」「学習をしたときは○○だと思っていたが今日もう一度やってみると□□だと思った」「自分ではできているつもりだったが，できていない部分に気づくことができた」等，児童自身が自分の学びを自覚することが大切です。

[すごろくの例]

スタート！	きき方名人「あいうえお」を説明しよう！	奇数が出たらワープ!!	1回休み 友だちの話をしっかり聞いてまとう。	はっぴょう名人「かきくけこ」をやりながら説明しよう！
				2マスすすむ
朝の会で先生が話したことをわかりやすく説明する。	偶数が出たら，3マスもどる…	となりの人と「ほめほめインタビュー」タイム（1分）	「なりきりスピーチ」をする。お題「けしゴム」	好きな○○とその理由を3つ言おう！
話し合いで司会者が気を付けるポイントを1つ言う。				
「ぴったりスピーチ（30秒）」に挑戦！ぴったりだったら3マス進む♪	聞き取りメモのコツを2つ言う。	「はなお」でスピーチができたらあがり！ しっかりきいて判定してね☆	ゴール！！	

すごろくに組み込んだ活動

・全学年…「好きな○○，理由は3つ!!」「ほめほめインタビュー」「ぴったりスピーチ」

・低学年…「ききかためい人『あいうえお』」「はなしかためい人『かきくけこ』」「なりきりスピーチ」

・中学年…「今日の話題はいくつ？」「めざせ！名司会者」「聞き取りメモのコツを学ぼう」「『はなお』でスピーチ」

Chpater2　指導編　話すこと・聞くことの技能が身につく活動アイデア44　37

| 低学年 | 基本・スキル型 | 聞き取り |

10 ききかためい人「あいうえお」

●対象学年：1年　●活動時間：20分　●関連教材：「ほんはともだち　むかしばなしが
いっぱい」（光村1年）

つけたい力，スキル

・「ききかためい人『あいうえお』」を使って，話し手が話しやすい態度で聞くことができる。

・友だちの話を，興味をもって聞くことができる。

1 この活動のねらいと指導のポイント

　「ほんはともだち　むかしばなしがいっぱい」の中で，自分の知っている昔話について友だ
ちに話したり，友だちの話を聞いたりします。

　「ききかためい人『あいうえお』」を学び，話し手が話をしやすい雰囲気をつくり出せる態度
を育てます。小グループやペアでの話し合いを通じ，話し手・聞き手の両方の立場を体験させ
ます。どちらも体験することで，どう反応すれば相手が話しやすいかが実感できます。また，
友だちの話に興味をもつという主体的な聞き方ができるようにします。

　聞き方の態度が身につくことにより，話すときにはどうすればよいかを考え，相手に伝わり
やすい話し方を学ぶ素地づくりをします。

2 評価のポイント

・「ききかためい人『あいうえお』」に従って，話し手が話しやすい態度で聞いていたかをみま
　す。

・話し手に感想を聞くことによって，話しやすい雰囲気づくりができていたかどうかが評価で
　きます。

・友だちの話を聞いて自分が読んでみたい本を見つけられたかどうかで，興味をもって話を聞
　けていたかをみます。

3 | 活動の進め方

❶話し合いの仕方を確認する（2分）
まず，話し方の例と「ききかためい人『あいうえお』」を確認します。

❷教科書の絵を見て，自分の知っている昔話について話す（13分）
次に，小グループまたはペアで，自分の知っている昔話について話します。聞き手は，「ききかためい人『あいうえお』」を使って，話し手が話しやすい雰囲気をつくって聞きます。
C　ここにももたろうの絵があります。ももから生まれた男の子が鬼退治をするお話です。
C　幼稚園のときに，劇でしたことがあります。

❸全体で振り返る（5分）
最後に，グループで話したり聞いたりしたことを，全体で発表します。自分が見つけたり，友だちに聞いておもしろいと思ったりしたことなどを話します。全体での振り返りでも，「ききかためい人『あいうえお』」を意識して聞けるようにします。話し手の感想も尋ねることで，話しやすい雰囲気がつくられていたかを確認します。
C　友だちがうなずいてくれてうれしかったです。
C　わたしも読んでみたいと思います。

・「ききかためい人『あいうえお』」は常時教室掲示し，話を聞くときにはいつも意識できるようにします。

［板書・教室掲示］

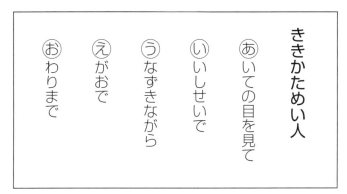

見つけたおはなしについてはなそう
はなしかた
①どのえ
②だいめい
③どんなおはなしか

ききかためい人
あいての目を見て
いいしせいで
うなずきながら
えがおで
おわりまで

| 低学年 | 基本・スキル型 | 聞き取り |

11 えほん de トーク

●対象学年：低学年　●活動時間：10～30分　●関連教材：「どんなおはなしかな」(光村1年),「お話クイズをしよう」(光村2年)

つけたい力，スキル

・絵本の読み聞かせを通して，話を聞き取ったり物語の内容を読み取ったりすることができる。

1 この活動のねらいと指導のポイント

　この活動では，絵本の読み聞かせを通して集中して聞き取る力や，物語の内容を読み取っていく力等を高めていくことをねらいます。朝の会や終わりの会，図書の時間等を活用し，絵本を楽しみながら聞く力を高めていきます。教師が絵本を読み聞かせてから，絵本の感想を話し合ったり，絵本の内容に関する話題で話し合ったりします。発展的な活動として，2年生が1年生に読み聞かせを行ったり，1年生が一日入学等で幼児に読み聞かせを行ったりと子どもたち同士で読み聞かせを行い，絵本の内容について感想を交流することもできます。

　絵本を選定するときには，児童の発達年齢を考慮した上で，個性的な登場人物が出てくるもの，小道具が多いもの，続き話が考えられそうなもの等，絵本を介しての児童の対話が広がりそうなものを選びます。

2 評価のポイント

・絵本の内容に関する教師の問いかけに対する反応や感想を交流している様子を観察し，集中して聞くことができていたか，絵本の内容を読み取ることができていたかをみていきます。

日常化のポイント

・読み聞かせを行う前に今日はどんな活動をするのかを説明し，児童が目的意識をもって読み聞かせを聞くことができるようにします。

3 | 活動の進め方

❶教師の周りに集まり，活動の説明を聞く（2分）

読み聞かせを始める前に，今日は読み聞かせを通してどんな活動（トーク）をするのかを伝え，児童が目的意識をもって聞き取りを行えるようにします。細かい絵の部分も見ることができるように，教師の周りに児童を集めて読み聞かせを行います。

T　今日は，絵本の中にたくさんねずみがでてきます。自分に似ているねずみがいるかもしれません。**どのねずみが自分に似ているか，あとでお友だちとお話できるようにしっかり聴いておきましょう。**（いわむらかずお『14ひきのシリーズ』の場合）

❷読み聞かせを聞く（10分）

読み聞かせをしながら，問いかけを行ったり，あるキーワードが出てきたら挙手を促したり，児童が集中して聴くことができているかを時折確認します。絵本の長さや内容によっては，必要がないときもあります。目の前の児童の様子をよく観察しながら，適宜行います。

❸えほん de トークを行う（5分）

ペアやグループで自分に似ているねずみについて交流し合います。なぜ，そのねずみに似ていると思ったのか理由を必ず話すようにさせます。

全体で，「ろっくんに似ていると思う人？」等の問いかけを行い，どうしてそう思ったのかの理由を順々に発言させていくことも可能です。また，同じねずみを選んだ児童が集まって，互いに理由を交流し合うこともできます。

【トーク例】
・絵本の感想について　・自分に似ている登場人物はいるかな？　・どの登場人物と友だちになりたいかな？　・このあと，どうなったと思う？　・誰が出てきたかな？　・これは誰の持ち物かな？　・ぼくなら，わたしなら…　・冒険地図を描こう（絵本の内容に関する絵をグループで相談しながら描いていく）　・先生，間違ってるよ（2回読み聞かせを行い，2度目は数カ所間違えて読む）　・新しく仲間を増やそう

〈引用参考文献〉
岩辺泰吏＋まなび探偵団アニマシオンクラブ（2003）『はじめてのアニマシオン　1冊の本が宝島』柏書房
いわむらかずお（2002）『14ひきのシリーズ』童心社

Chpater2　指導編　話すこと・聞くことの技能が身につく活動アイデア44　│　41

基本・スキル型

応用・活用型

全学年

低学年

中学年

高学年

| 低学年 | 基本・スキル型 | 聞き取り |

12 ○○さんのしらせたいことはなんだろう？

●対象学年：2年　●活動時間：10分　●関連教材：「ともこさんはどこかな」（光村2年）

つけたい力，スキル

・大事なことを落とさずに話したり，聞いたりすることができる。

・声の大きさに気をつけた話し方ができる。

1 この活動のねらいと指導のポイント

　初めに大事なことを落とさないように聞き，次に友だちと話す，友だちの話を聞く活動を通して，楽しみながら必要な事柄を選んで話したり，大事なことは何かを考えて聞いたりすることができるようにします。教科書の「ともこさんはどこかな」で，CDを聞きながら，ゲーム的な場面を設定することによって興味をもたせ，迷子を探すために必要な名前，年齢，性別，服装，身につけているもの，持っているものなどを落とさないように聞き，主体的に聞こうとする態度を育てます。

　次に，自分たちが迷子のお知らせをしたり，遠足の持ち物を連絡したりする活動を通して，大事なことを落とさずに話したり，聞いたりすることができるようします。自分たちが話すときは，声の大きさに気をつけて発表し，感想を言います。そのとき，相手のよいところを伝えることで自己有用感を与え，よりよい人間関係をつくることを目指します。持ち物の連絡やみんな遊びのルール説明の場合は，ナンバリングをして，大事なことを落とさずに聞くことができる工夫もします。

2 評価のポイント

・大事なことを落とさずに話しているか，または，聞いているかをみます。（簡単なワークシートにメモを書かせてもかまいません。）

・声のものさしを参考にして，クラス全体に聞こえる声や速さ，間の取り方ができていたかをみます。子どもたちの感想も参考にします。

3 活動の進め方

❶大事なことを落とさないようにして，発表をする（3分）

　まず，発表する人が何について話すのかを伝えます。

話し手　今から，水泳で必要な持ち物について話します。

話し手　水泳に必要な持ち物は，5つあります。1つ目は，水着です。2つ目は，帽子です。
　　　　3つ目は，タオルです。4つ目は，ナイロン袋です。5つ目は，水泳カードです。
　　　　もう一度繰り返します。1つ目は，…。…水泳カードです。

話し手　これで，水泳の持ち物についての連絡を終わります。

❷感想を伝え合う（5分）

　次に，聞いていた人たちが，発表をしてくれた人に感想を言います。

話し手　感想は，ありませんか。

聞き手　声の大きさがよくて，大事なことをすべて聞きやすかったです。
　　　　ナンバリングで言ってくれたので，わかりやすかったです。

話し手　ありがとうございます。

❸大事なことを落とさずに聞くことができたか確認する（2分）

　最後に，大事なことを落とさずに聞くことができたか，メモを見たり，言葉で言わせたりして確認します。

・初めの方は教師がお題を伝え，ペアで大事なことが何かを話し合わせるようにします。

・慣れてきたら，連絡帳のお知らせも自分たちでできるようにしていきます。

・簡単にメモが取れるようなマス目だけのワークシートを用意します。（連絡帳みたいなもの）
　必要な児童だけ取れるように，常時教室に置いておくようにします。

［教室掲示］

話すときのポイント	聞き方あいうえお
・声の大きさ ・話すはやさ ・間 ・強弱	・あい手の顔を見て ・いっしょうけんめい ・うなずきながら ・え顔で ・おわりまで聞く

Chpater2　指導編　話すこと・聞くことの技能が身につく活動アイデア44　43

基本・スキル型

応用・活用型

全学年

低学年

中学年

高学年

| 低学年 | 基本・スキル型 | インタビュー |

13 あいづちインタビュー

●対象学年：1年　●活動時間：45分　●準備物：ノート　●関連教材：「きいてしらせよう　ともだちに，きいてみよう」（光村1年）

つけたい力，スキル

・「ききかためい人『あいうえお』」と「はなしかためい人『かきくけこ』」を使って，話す順序を考えながら，丁寧な言葉で話したり，大事なことを落とさずに聞いたりすることができる。
・友だちにインタビューをして，感想や質問を言うことができる。

1 この活動のねらいと指導のポイント

　相手の言葉に対して，共感の反応を行うインタビュー活動を学びます。

　初めに，インタビューとはどんなものなのかを知ります。教師によるインタビューのモデルを見て，インタビューの仕方や応答のやりとりの仕方についてイメージをもたせます。

　次に，教科書の「ともだちに，きいてみよう」（光村1年）のCDを聞いて友だちへの質問の仕方を学びます。そのときに，「いつ」「どこで」「だれが（と）」「どのくらい」「なにを」「なぜ」の5W1Hを使うことを押さえます。また，「ききかた名人『あいうえお』」や「はなしかた名人『かきくけこ』」の技を確認し，ペアで楽しくインタビューをさせます。インタビューをすることにより，友だちのことをさらに知ろうと思い，最後まで話を聞いたり，意欲的に話したりすることができます。

2 評価のポイント

・5W1Hを使って尋ね，大事なことを落とさないように聞いているかをみます。（尋ねた後に，短い言葉や文でノートにメモを取ります。）
・話す順序を考えて，インタビューをしようとしているかをみます。
・やりとりが一問一答にならないように，うなずきなどを入れて話を広げようとしているかをみます。

3 | 活動の進め方

❶インタビューの仕方や応答のやりとりの仕方について確認する（7分）

T　インタビューをするときに，大事なことは何でしたか。
C　相手の目を見ます。
C　うなずきながら聞きます。
C　笑顔で聞きます。
C　言葉づかいに気を付けて話します。

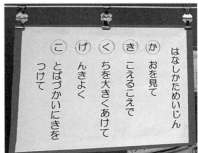

　「ききかためい人『あいうえお』」や「はなしかためい人『かきくけこ』」の技を使うことを1つ1つ確認します。
T　どんな言葉を使ってインタビューをすればよいですか。
　（一問一答にならないよう，話を長く続けるためのコツとして前時に指導しておく。）
C　「いつ」を使います。
　他に「どこで」「だれが（と）」「どのくらい」「なにを」「なぜ」を使うことを確認します。インタビューの途中で使えたらよい言葉（「すごいですね」「そうなのですね」「わかりました」など）も確認します。

❷ペアでインタビューをし合う（15分）

T　「入学してから今日までで，楽しいと思ったこと」についてインタビューをしましょう。
　5W1Hのうち3つは使うようにきまりをつくります。やりとりが一問一答の連続にならないように，うなずきなどを入れることを意識させます。

❸聞いたことをノートにメモする（15分）

T　インタビューで聞いた内容をメモしましょう。
　大事なことを落とさないように短い言葉や文でメモを取らせます。箇条書きで書くように伝えます。

❹全体で振り返る（8分）

T　今日の学習をして，わかったことや思ったことを発表しましょう。
C　友だちのことが，よくわかりました。
C　また，他の友だちともインタビューをやってみたいです。
C　インタビューは楽しいです。
　次時はインタビューメモをもとに他己紹介ができるよう練習し発表会をすることを伝えます。

> 低学年 　基本・スキル型　 スピーチ・メタ認知

14 どんなふうに話しているのかな？

●対象学年：低学年　●活動時間：10〜15分　●準備物：準備できる場合はビデオカメラやデジタルカメラなどの録画機器，タブレット

つけたい力，スキル

・伝えたい事柄や内容，伝える相手に応じて表現を工夫して，自分の考えを話すことができる。

1 この活動のねらいと指導のポイント

　この活動では，自分自身が話している様子や話し方，表現の工夫等に意識を向けたスピーチの練習を行います。日頃は，あまり意識することのない話しているときの自分の姿を通して，表現の工夫を学んでいきます。伝えたい事柄や内容，伝える相手に応じて，声の大きさや抑揚，間の取り方，話すスピード等を工夫し，聞き手にわかりやすく自分の思いを伝えられるようにしていきます。聞き手は，話し手の様子を観察し，声の大きさはどうであったか，内容はよく伝わったか等を評価していきます。可能であれば，ビデオカメラやデジカメ，タブレット等のICT機器を活用して，児童が自分の話している様子を映像で振り返ることができるようにします。自分では大きな声で話しているつもりでも，実は教室の一番遠い座席の友だちにまでは声が届いていなかったというようなことが教室では起こりがちです。また，特別教室や体育館のように，いつもと違う教室であれば尚更です。児童同士の相互評価と映像による振り返りを活用しながら表現の工夫について効果的に学んでいきます。

2 評価のポイント

・1度のスピーチで，複数の観点を意識しながら話すことは難しいので，児童とともに評価する観点を共有し，「今日は声の大きさに気を付けて話そう」等，1つ1つクリアしていくことを目指します。

日常化のポイント

・日常の学習場面でも，教室の座席配置で自分から一番遠い席の友だちを確認させ，発言するときはいつもその友だちに聞こえるように友だちの顔を見ながら話す習慣をつけていくとよいです。

3 | 活動の進め方

❶活動の流れと評価の観点を確認する（2分）

T　今日は「どんなふうに話しているのかな？」という活動をします。みんなは，自分が話している様子を見たことがありますか？

C　ないです。

C　鏡を見ながら話したことがあります。

T　ほとんどの人が，見たことがないですね。今日は，このあとのスピーチをこのカメラで撮影します。スピーチの後に，自分が話している様子を見てみましょう。今日，みんなが気をつけるポイントは話す速さです。相手にわかりやすいように，話す速さに気をつけてスピーチをしていきましょう。聞いている人も，話すスピードに注目して聞きましょう。

【評価の観点例】

・声の大きさ　・強弱　・抑揚　・話す速さ　・間の取り方　・身ぶり手ぶり　等

---

❷スピーチとその観察を行う（10分）

　30秒から1分程度のスピーチを4，5人が行う設定にしています。1人のスピーチが終わったら，その都度，聞き手からの感想やコメントを交流する時間を設けます。撮影した映像は，基本的には本人のみが見ますが，児童と相談の上，全体で見ることも可能です。

C　今から，ぼくのスピーチを始めます。日曜日にお父さんと魚釣りにいきました。場所は…

T　では，聞いていたみんなからの感想タイムです。話す速さがどうだったかも伝えてくださいね。

C　えさの付け方のところをゆっくり話していたので，わかりやすかったです。

　　　　　　　⋮

　4，5人のコメントを聞いたら次のスピーチへ。

❸振り返りをする（3分）

　最後に，振り返りとしてノートやワークシートに自己評価や友だちのスピーチを聞いての感想を書きます。毎回の活動を記録に残すことで，児童自身も成長を実感することができ，学習意欲の向上につながります。書き方の指定はありませんが，一言メモのようなものから，箇条書き，2，3行の文になったもの等，児童の実態に応じてアレンジをしていきます。

Chpater2　指導編　話すこと・聞くことの技能が身につく活動アイデア44　47

低学年　基本・スキル型　聞き取り

はなしかためい人「かきくけこ」

●対象学年：1年　●活動時間：45分　●準備物：グループごとに挿絵を準備する
●関連教材：「まのいいりょうし」（光村1年）

つけたい力，スキル

- 「はなしかためい人『かきくけこ』」（次ページ写真参照）を使って，聞き手に聞こえる声で話すことができる。
- 話し合いの場で，相手に伝わるように話すことができる。

1 この活動のねらいと指導のポイント

「まのいいりょうし」（光村1年）のお話の挿絵を掲示して，お話の内容を想像させる活動です。挿絵から気づいたことや想像したことを自由に話し合います。

「はなしかためい人『かきくけこ』」を学び，聞き手にわかりやすく伝わるように学習していきます。グループごとに内容を発表させるために，挿絵1枚1枚をグループごとに配ります。

また，そのあと，挿絵の順番を想像する活動をさせ，各グループで発表させます。話し合い活動を通して，相手に伝わるように話したり，お互いを意識し聞き合ったりする力を育てます。

このように，グループで話の内容や挿絵の順番を考えるという2つの活動を通して，想像しながら楽しんで交流できる場をつくることができます。

2 評価のポイント

- 「はなしかためい人『かきくけこ』」を使って，聞き手に伝わるように話すことができたかをみます。
- 聞き手に感想を聞くことによって，大事なことを落とさずに話すことができたか評価できます。
- 話し合いの場で，話したり聞いたりすることで，1人1人が参加できているかどうかをみることができます。

3 活動の進め方

❶教科書の挿絵を見る（10分）

　まず，挿絵を1枚だけ提示し，登場人物などを確認します。気づいたこと，想像したことを自由に意見を出させ，学習の流れを確認します。

C　男の人がいます。
C　鳥がいます。
C　鉄砲をもっています。
C　鳥が撃たれています。

❷グループになり，挿絵を見ながら，どんなお話か想像したことを話し合う（25分）

　話し合う前に，「はなしかためい人」の内容を確認します。また，話し合ったあとに，発表することを伝え，気づいたこと，想像したことを話し合わせます。次に順番に挿絵を並べ，全体でどんなお話かを想像することで話の内容をつかみます。

C　猟師が鉄砲で鳥を撃ちました。
C　鳥も捕まえたら魚もいました。

❸振り返る（10分）

　最後に，「はなしかためい人『かきくけこ』」を使って話をすることができたかを話し合います。

C　話し合うことが楽しかったです。
C　相手に聞こえる声で話すことができました。

＊「はなしかためい人『かきくけこ』」は常時教室に掲示し，話をするときにはいつも意識できるようにします。

［板書・教室掲示］

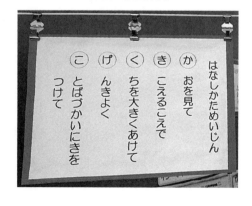

低学年　　基本・スキル型　　話し合い

16 ちょっとおたずねいいですか？

●対象学年：低学年　●活動時間：5〜15分　●関連教材：「みんなできめよう」（光村2年）

つけたい力，スキル

・自分が気になっていることや困っていること等についてペアやグループ，学級で互いの考えを交流することができる。
・グループや学級で話し合う場合には，進める人（司会）を決めて簡単な話し合いの形態をとることができる。

1 この活動のねらいと指導のポイント

　自分の気になっていることや困っていること等をクラスメイトにお尋ねする形式で，話し合いの基礎となる技能を学びます。初めは，ペアで自分の気になることや困っていることについて考えを交流し合うところから始め，徐々にグループ（3，4人），学級全体での話し合い活動へと発展させていきます。まずは，日常会話の延長として，お悩み相談や疑問を共有し合い，堅苦しくならない話し方で自分の考えや思いを交流していきます。発言の順番を守る，相手の話に割り込まず最後まで聞く，理由を言う，といった基本的なルールは設定しますが，話し方や進め方にはあまりこだわらず，児童が発言しやすいようにします。

2 評価のポイント

・話題提供者の児童については，自分が気になっていることや困っていることなどをわかりやすく伝えることができているかをみます。
・話し手の発言をしっかりと聴き，それについての自分の考えや思いを理由とともに話せていたかを観察します。

日常化のポイント

・日番の児童が話題提供を行うことで，朝の会や終わりの会で日常的に簡単な話し合い活動を行うことができます。

3 活動の進め方

代表児童のお悩みについて，ペアで話し合ってから全体で交流する場合

❶活動の説明を聞き，話題を提供する（30秒）

まず，活動の流れを教師が説明し，その後，話題提供をする児童が全体の前で自分が気になっていることや困っていること等を伝えます。

T　今日はＡさんのお悩みについて，みんなで考えていきます。始めにペアで話し合ったあと，全体で交流していきます。では，Ａさんどうぞ。

A　ちょっとおたずねいいですか。

C　はい，どうぞ。

A　ぼくは，今，なわとびの練習をしています。でも，後ろ跳びがうまくできなくて困っています。よい練習方法やコツがあれば教えてほしいです。

❷ペアで話し合う（1分）

T　お隣の人と，いまのお悩みについて話し合いましょう。

❸全体で交流する（5分）

全体での話し合いは，指名で行う場合，自由発言でつないでいく場合が考えられます。日頃の学級での発言の仕方やルールに合わせて行います。

C　はい。ぼくも後ろ跳びがうまくできないんだけど，縄をこうやって（動作を交えながら説明）回すと跳べることが増えました。

C　はい。わたしは，縄にトイレットペーパーの芯をつけて練習しています。

　　　⋮

（交流が続く）

❹話題提供者が感想を言って，活動のまとめをする（1分）

必ずしも，この時間内に解決できる問題ばかりではありません。しかし，皆で考えたことや意見を交流し合ったことの意義を感じられるようにします。

A　みんなの話を聴いて，後ろ跳びがうまくできないのはぼくだけじゃないんだと思いました。教えてもらった方法をぼくも試してみようと思います。

T　今日は，みんなで後ろ跳びのコツや練習方法を交流することができましたね。明日の体育の時間に，みんなでやってみましょう。

Chpater2　指導編　話すこと・聞くことの技能が身につく活動アイデア44　51

| 低学年 | 応用・活用型 | スピーチ |

17 なりきりスピーチ

●対象学年：低学年　●活動時間：5〜10分

つけたい力，スキル

・与えられたお題や自分が考えた何かになりきって，想像しながらスピーチすることができる。

1 この活動のねらいと指導のポイント

　この活動では，自分以外の人やものになりきって，その視点でものごとを見つめ想像しながらスピーチをしていきます。低学年の児童は，ごっこ遊びを好み，何かになりきることが得意です。その特性を生かしながら，遊びの延長上として楽しく話す力を伸ばしていくことをねらっています。

　教師がお題を提示して，全員が同じものになりきってスピーチする場合と，児童自身がなりきりたいものを決めてそれぞれにスピーチする場合とが考えられます。学級で相談しながら，楽しく活動できる方法を選択するようにします。

　低学年の活動にしていますが，高学年の場合は「保護者になりきって今日の参観日の感想をスピーチしてみる」等，第三者のことばを推測し代弁してみるといった形態で活動をアレンジすることもできます。

2 評価のポイント

・想像力を働かせながら，なりきってスピーチをすることができていたかをみていきます。
・なりきれていたかどうかは，そのもの独自のものの見方や考え方になっていたか（スピーチの内容）や話し方も含めてみていきます。

3 │ 活動の進め方

教師がお題を指定する場合

❶お題を聞き，スピーチを考える（3分）

T　今日のお題は，「消しゴム」です。いつもみんなが使っている消しゴムがどんなことを思っているのか想像してスピーチを考えましょう。

（必要に応じて，簡単なスピーチメモを書かせてもかまいません。）

❷なりきりスピーチをする（1分）

C　ぼくは消しゴム。いつも，たかしくんの筆箱の中に入っているよ。ぼくのお仕事は，たかしくんが字を間違ったときに，お直しのお手伝いをすることだよ。時々，力いっぱいゴシゴシされて涙が出そうになるんだ。でも，お役に立ててうれしいよ。

❸活動の振り返りをする（3分）

なりきりスピーチをやってみての感想やスピーチを聞いての感想を交流し合います。❷で複数の児童がスピーチを行った場合には，消しゴムに一番なりきれていたのは誰だったかを振り返りとして交流することもできます。

児童がなりきるものを決める場合

❶なりきるものを皆に伝える（1分）

なりきるものと，どうしてそれを選んだのかその理由を皆に伝えさせます。

C　今から「えんぴつ」になりきってスピーチをします。なぜかというと，いつも一緒に勉強をしているからです。

（❷以降は上記と同じ進め方）

・なりきるものは，身近な文房具や学校の遊具，教室にあるもの等，様々なものが考えられます。ものに限らず，学校で飼っている動物や家で飼っているペット等の動物も考えられます。

・文学的文章の学習や絵本の読み聞かせ等と関連させて，物語に出てきた登場人物になりきってスピーチをする方法も考えられます。

基本・スキル型

応用・活用型

全学年

低学年

中学年

高学年

Chpater2　指導編　話すこと・聞くことの技能が身につく活動アイデア44 │ 53

| 低学年 | 応用・活用型 | 聞き取り |

18 じぶんのえらんだ本の読み聞かせとお話クイズをしよう

●対象学年：2年　●活動時間：45分　●準備物：グループごとに選んだ絵本，クイズのワークシート，クイズの話型の掲示物

つけたい力，スキル

・大きな声ではっきりと話すことができる。

・最後まで静かに聞くことができる。

1 | この活動のねらいと指導のポイント

　自分たちが選書した絵本で読み聞かせをし，そこからお話クイズを出題することで，相手意識をもった話し方や意欲的な聞き方を学びます。

　お話クイズづくりができそうな本を図書室で選び，そこからお話クイズをつくります。小グループで絵本の読み聞かせやクイズの出題をすることで，話すことに苦手意識をもつ子どもも意欲的に取り組むことができます。また，クイズに答える側もクイズに答えたいという思いから，最後まで話をじっくりと聞こうとする態度が育ちます。小グループで話し合いながらクイズづくりにふさわしい本の選書をすることで，お互いの意見交流ができ，話し合い活動の素地を育てることもできます。

2 | 評価のポイント

・「話すこと」に関しては，意欲的に絵本の読み聞かせをしたり，グループ内で聞こえる声の大きさではっきりとクイズを出題したり，クイズに答えていたりしたかをみます。

・「聞くこと」に関しては，絵本を見ながら最後まで静かに読み聞かせを聞いていたか，出題者の顔を見ながら聞いていたかをみます。

・振り返りでは，読み聞かせやクイズをした際に，相手に伝わる声で話せていたか，しっかりと最後まで相手の話を聞けていたかについて書かせることで，相手意識をもった話し方や聞き方について考えているかどうかが評価できます。

3 活動の進め方

❶お話クイズ大会の留意事項を確認する（3分）

　まず，お話クイズ大会のルールを確かめます。読み聞かせをするときの話し方や聞く側の聞き方の留意点を黒板上に示します。

❷前半グループが読み聞かせをし，クイズを出す（15分）

　次に前半グループから読み聞かせをし，続いてその絵本の内容からクイズを出題します。答える側は，クイズ終了後，出題側のよかった点をワークシートに書きます。

❸前半グループが終了後，よかったところや改善点について全体で話し合う（7分）

　絵本の読み聞かせやクイズの出題の仕方，答え方，聞き方のよかったところや改善点などを振り返りのワークシートをもとに学級全体で共有し，よりよい後半のグループの活動へとつなげていきます。

❹後半グループが読み聞かせをし，クイズを出す（15分）

　今度は後半グループが交替して絵本の読み聞かせをし，クイズを出します。教師は，先ほどの話し合い活動で出た改善点が活かされているかを机間指導で助言します。

❺聞く・話す活動のよかったグループを紹介し合う（5分）

［板書例］

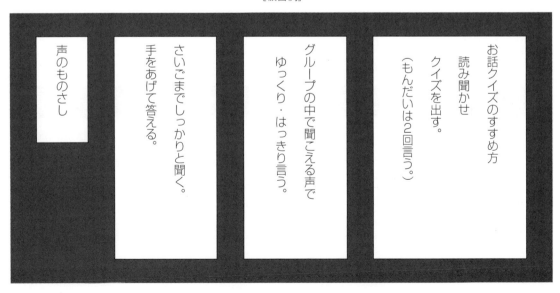

| 低学年 | 応用・活用型 | メタ認知 |

19 おなじかな？ちがうかな？

●対象学年：2年　●活動時間：3〜5分　●準備物：ワークシート（自分の立場と考えを書けるような物）

つけたい力，スキル

・スピーチを聞きながら，友だちと自分の考えの共通点や相違点を意識することができる。

・友だちのスピーチに対して，感想や質問を言うことができる。

1 この活動のねらいと指導のポイント

　この活動では，友だちのスピーチに対して同じか違うかを意識して聞くことを学びます。また，そこから友だちのスピーチに対して感想をもったり質問をしたりという力も養います。

　子どもたちが友だちのスピーチを聞く活動はよく行われます。そのときに，ただ漠然と聞いてしまったり，質問や感想が言えなかったりということは低学年の児童に見られる姿ではないでしょうか。そのようなときには，まず考えが同じか違うかだけでも意識できるとそこから質問や感想を考えることができます。そのため，自分の考えと同じか違うかを書くことのできるワークシートを配付し，スピーチを聞いた後にどちらかに○をつけて意思表示をできるようにします。活動に慣れてきたら共通点や相違点から感想や質問をもたせて，発表させたりワークシートに記入させたりします。

　スピーチの課題は，最初は同じか違うかを考えやすいものにします。例えば「好きな教科」や「好きなスポーツ」などです。

2 評価のポイント

・友だちの考えと自分の考えの共通点や相違点を考えているかをみるために，同じなのか違うのかを選択するワークシートを用意します。そして，スピーチを聞いた後にどちらかを選択させ，共通点や相違点が意識できているかをみます。

・共通点や相違点に関連させた感想や質問を考えさせ，ワークシートに記入できたか，発表できたかをみます。

3 | 活動の進め方

（事前）スピーチの課題を知り，スピーチメモを作成する

スピーチの課題としてまずは，同じか違うかを比べやすいもの，「好きな教科」「好きなスポーツ」などにします。また慣れてきたら子どもたちのアイデアからスピーチの課題をきめていくことも面白いです。

❶スピーチを発表する（1分）

まず，発表者がスピーチの発表をします。

❷同じか違うかの意思表示をする（1～3分）

次に，スピーチを聞いて自分の考えと同じか違うかの意思表示をさせます。最初のうちは挙手で意思表示をさせるところで終わってもかまいません。回数を重ねて活動に慣れてきたら，「同じでどう思ったか」「違ってどう思ったか」をワークシートに書かせます。

❸感想や質問を言う（1分）

最後に，発表者に対して感想や質問を簡単に言わせます。

［ワークシート］

スピーチ用ワークシート　　名前（　　　　　）

○スピーチをきいて自分の考えとおなじかちがうか
に○をつけましょう。
　・おなじ
　・ちがう

○スピーチをきいて、「おなじで」、または「ちがって」
どう思いましたか。

Chpater2　指導編　話すこと・聞くことの技能が身につく活動アイデア44　｜　57

| 低学年 | 応用・活用型 | メタ認知 |

20 どうしてそのじゅんばん？

●対象学年：低学年 ●活動時間：10〜20分 ●関連教材：「たからものをおしえよう」「うみのかくれんぼ」「じどう車くらべ」（光村1年）「大すきなもの，教えたい」「たんぽぽのちえ」（光村2年）

つけたい力，スキル

・相手にわかりやすく伝えるために理由や事柄の順序性について考え，自分の思いや考えを伝えることができる。
・なぜその順番にしたのかを自分のことばで説明することができる。

1 この活動のねらいと指導のポイント

　全学年対象の「好きな○○，理由は3つ!!」の発展系として，理由や事柄の順序性について考えていく活動です。同じ内容を伝える場合でも，理由や事柄の順序を入れ替えることで相手への伝わり方が変わることがあります。聞き手は，友だちのスピーチを聞くことを通して，同じ内容でも順序が違うと感じ方や受けとめ方が変わることを体験的に学んでいきます。

　関連教材として挙げた光村図書1年の説明的文章教材は，すべて事例が3つ出てきます。2年生の「たんぽぽのちえ」は時間の流れに沿って説明がなされています。筆者がなぜ，この順で事例を述べているのかを考えることは，自身が書き手，話し手になったときにも役立つ学習です。筆者は，自身の主張を裏付けるため，よりわかりやすく説明するため，読者に興味をもって読んでもらえる展開にするため等，意図をもって事例を配列しています。書きことばと話しことばとの違いはありますが，構成を練る段階での考え方は同じです。説明的文章の学習での事例の順序性を検討する学習等を生かし，自身のスピーチにおいてもその理由の順序を意識できるようにします。低学年の頃から，このような活動を意識的に取り入れ，児童が情報と情報との関係について関心をもてるようにしていきます。

2 評価のポイント

・自分の伝えたい内容に応じて理由の順序性を考えることができていたか，その順番にした理由を自分のことばで説明することができたかについて，構成メモや実際の発言からみていきます。

3 | 活動の進め方

❶スピーチの内容を考え，順序を意識した構成メモを作る（8分）

まず，スピーチの内容を考えます。活動に慣れるまでは，教師側からテーマを提示しても構いません。話す内容を考えることができたら，次に話す順番を考えていきます。児童の話したい内容，伝えたい内容によって，効果的な順番が変わってくるため，順番を考えるときの支援は，個別に行います。

［構成メモ例］

〈考えられる順序性〉

・時間の流れに沿って話す

・自分の好きなものから話す

・みんながよく知っているものから話す

・印象に残っていることから話す

・最後にみんなが驚くことを話す　　　　等

どうしてそのじゅんばん？　スピーチメモ

名前（　　　　　　　　）

テーマ　｜　　　きのうのできごと　　　｜

まず，スピーチするないようをかんがえます。つぎに，どのじゅんばんで，はなしをしたらよいかをかんがえます。

① ・スイミングが休みでうれしかった
③ ・スイミングが日曜にへんこう，ショック
② ・しゅくだいがかんたん，たくさんゲーム

❷スピーチをする（1分）

構成メモをもとに1人の児童がスピーチを行います。この活動は順序性を意識することが目的のため，構成メモを見ながら話してもかまいません。

> 今から，昨日の出来事について話します。昨日はスイミングがお休みになったので，とても嬉しかったです。宿題もすぐに終わったので，いつもよりたくさんゲームをすることができました。とてもうれしい1日でした。でも，お母さんから「今日の分のスイミングは日曜になったからね」と言われたときは，とてもショックでした。

❸順序性に関連させた感想を交流し合う（5分）

スピーチを聞いての感想を伝えていきます。順序性を意識した活動のため，理由や事柄の順序に関する感想になるようにします。交流の最後に，話し手がその順序にした理由を説明し，自分の意図が伝わったのか，聞き手の感想をきいてどう思ったのか等を話します。

聞き手　うれしかったことを話してから，ショックなことを話していたから，うれしいよりもショックの方が大きいのかなぁと思いました。

　　 ⋮

話し手　うれしいことを言ったあとに，ショックなことを話した方がぼくのショックの大きさが伝わるかなぁと思ってこの順番にしました。みんなに伝わっていてよかったです。

Chpater2　指導編　話すこと・聞くことの技能が身につく活動アイデア44 | 59

[中学年]　[基本・スキル型]　[聞き取り]

21 聞き取りメモのコツを学ぼう

●対象学年：中学年　●活動時間：30〜40分　●準備物：タイマーかストップウォッチ
●関連教材：「聞き取りメモの工夫」（光村4年）

つけたい力，スキル

・自分の目的と照らして，自分にとって大切な情報は何かを考えながら聞くことができる。
・話を聞いて，要点をメモすることができる。

1 この活動のねらいと指導のポイント

　子どもたちは，低学年からメモを取る経験は重ねています。しかし，実際に校外学習や取材に出かけたときのメモを見ると，聞いたことすべてをそのままメモしようとするために最後まで書けていなかったり，大切な情報が何なのかがわかりづらかったりして，後で見たときに，何のメモなのか想起しにくいことがあります。

　この活動では，聞き取りメモのコツを学んでいきます。自分と友だちのメモを比較し，よい点や工夫しているところを見つけることで，よりよいメモの取り方を知り，自分なりのメモについて考えることができるようになります。自分にとって大切な情報は何かを考えながら聞くことは，集中して聞く力，事柄を簡潔にまとめる力，自分に役立つ情報を選択する力などの言語能力の高まりが期待できます。

　話題は，子どもたちが興味をもてるようなクラブや委員会活動のようなものが考えられます。メモを2回取り，初めと後のメモの取り方の変化を実感させたいので，ノートは見開きで使うのがおすすめです。

2 評価のポイント

・2回目のメモを1回目と比べ，みんなで話し合ったことを活用し，自分なりに工夫してメモが取れているかどうかをみます。箇条書きや記号等を使っているだけでなく，大切な情報がしっかりと伝わるメモが書けているかということも大切なポイントです。
・振り返りでは，2回のメモや話し合ったことをもとに，大事なことを落とさないメモの取り方のコツや，これからの学習や生活の場でどう生かしていくかを書かせることで，評価することができます。

3 | 活動の進め方

❶メモを取るときに，困ったことや難しかったことを出し合う（3〜5分）

自分の経験をもとに出し合います。

❷メモを取る 1回目 （2分）

「友だちにクラブの内容を伝えるつもりでメモを取る」ことを確認し，クラブ活動の内容を説明します。早口にならないよう，ゆっくりと言います。メモは，ノートの線は意識せず，縦書きや横書きの選択も児童に決めさせます。

❸友だちのメモの工夫について話し合う（15分）

まず，書いたメモをグループで見せ合い，よいところや工夫しているところを話し合います。メモを書いたノートを机の真ん中に置き，お互い見えやすいようにすると，自分のものと比較しながら進められます。次に，各グループのおすすめのメモを実際に実物投影機で映し出しながら，全体で交流します。その際，「なぜ，その方法を使うとよいのか」という理由も合わせて発表させるようにします。出てきた工夫の中から，自分が活用しようと思うものを選ばせ，「○○するために，○○を使う。」と，自分のめあてを書かせておきます。

❹メモを取る 2回目 （2分）

2回目の話題は，1回目と比較ができるように，似た話題にします。聞いた後にメモを整理する時間も設定します。

❺振り返り，まとめをする（5分）

普段，あまり意識することなく行ってきたメモの取り方について，どう意識が変わってきたかを振り返らせます。

・総合的な学習の時間や校外学習など，外部の方の話を聞く機会がある前に，この学習を行うと実際に学習したことが実の場で生かされるので，関連性が出てきます。

【話題例】

　これから，英語クラブの活動について話します。
　英語クラブの活動は，主に次の2つです。1つ目は，英語の歌を歌うことです。ABCやドレミの歌を歌います。英語で歌うと，とても楽しい気持ちになります。2つ目は，ゲームをすることです。毎時間どんなゲームをするのか，わくわくします。特におもしろかったゲームは，ビンゴゲームです。25マスのカードに好きなアルファベットを書いて，5つそろえばビンゴになります。ビンゴになると，好きなシールがもらえるので，みんな張り切ってやっています。
　わたしは，将来，いろいろな国の人と英語で話がしたいと思っています。みなさんも，英語クラブに入ってみませんか。

Chpater2　指導編　話すこと・聞くことの技能が身につく活動アイデア44 | 61

| 中学年 | 基本・スキル型 | インタビュー |

22 ぐいぐいインタビュー

●対象学年：中学年 ●活動時間：30分 ●準備物：ストップウォッチ，記録用紙

つけたい力，スキル

・自分の知りたいことを知るために，相手の話を聞き，質問をつなげることができる。
・話し手が話しやすい雰囲気づくりをすることができる。

1 この活動のねらいと指導のポイント

　子どもたちは普段から，学習や生活面でペア・グループトークをよく行っています。しかしその様子を見ていると，自分の考えを伝えるだけの子が多く，相手の考えに対して疑問に思ったことを質問する場面は多くありません。

　この活動は，相手の話を引き出し，掘り下げることを意識したインタビュー活動です。質問をして返ってきた答えに対して質問を次々につなげ聞いていくことで，どんどん話を深めることができます。中にはすぐに質問が思い浮かばない児童もいるので，実際に教師が見本となってインタビューを行う様子を見せたり，全体で確認したインタビューの質問を板書に書いておき，それを参考にして質問したりすることで苦手意識を軽減することができます。話題としては，学年はじめでは自己紹介，長期休み明けでは思い出などにすることで子どもにとって興味をもちやすく話し手にとっても話しやすい内容になります。

2 評価のポイント

・聞き手は，話題に対して相手の話を聞き出すインタビューができているかをみます。
・聞き手として話を掘り下げるだけではなく，話し手が話しやすい雰囲気をつくれているのかもみます。（相手の目を見る，あいづちを打つ，ほほえみながらなど。）

3 活動の進め方

❶今日の学習の確認（5分）

　友だちの話したことをさらにくわしく知るために，インタビューすることを伝えます。

　教師と児童による見本のインタビューを見せます。くわしく内容を知るためにどのような聞き方があるのか，全体で確認し板書をします。質問は話題がずれないようにします。

　（例）　・「いつのことですか。」　　　　　・「だれと行ったのですか。」
　　　　　・「一番楽しかったことは何ですか。」　・「一番心に残ったことは何ですか。」　など

❷グループでインタビューを行う 1回目 （5分）

　まず1人の児童が話をし，その後グループの他の児童がインタビューをします。1グループ4人程度で行います。（インタビューを受ける1人・インタビューをする2人・記録1人）

　インタビューは順番を決めず，できる児童からどんどん質問していくようにします。もし話が詰まってしまったときには，黒板を見ながら話を続けていきます。記録者も質問をしてよいことにします。

　聞き手は，相手の話に共感しながら，相槌を打つなど話し手が話しやすい雰囲気をつくることを意識するようにします。

❸全体に伝える 1回目 （5分）

　インタビューをして聞いたことを30秒程度でクラスのみんなに伝えます。

❹グループでインタビューを行う・全体に伝える 2回目 （10分）

　1回目とは別の児童がインタビューを受けます。友だちのインタビューで聞いたことをもとに質問は変えてもよいことを伝えます。

❺振り返り，まとめをする（5分）

　インタビューをすることで話題について深めることができることを確認します。話したり質問したりすることが苦手な児童も，この活動を通して苦手意識がなくなっていきます。

　インタビューを受ける児童は，事前にどのようなことを話すのか考えておくようにします。

Chpater2　指導編　話すこと・聞くことの技能が身につく活動アイデア44　｜　63

| 中学年 | 基本・スキル型 | スピーチ |

23 「はなお」でスピーチ

●対象学年：中学年　●活動時間：40分　●準備物：付箋，タイマーかストップウォッチ，原稿用紙（400字用）　●関連教材：「だれもが関わり合えるように」（光村4年）

つけたい力，スキル

・目的を意識して話題を決め，伝え合うために必要な事柄を整理し，選ぶことができる。
・伝えたいことが聞き手に伝わりやすいように，話の構成や話し方を工夫して，スピーチをすることができる。

1 この活動のねらいと指導のポイント

　中学年では，各教科や総合的な学習の時間などで，目的を意識して話題を決め，人に聞いたり本やインターネットなどで調べたりしたことをもとに自分の考えをまとめ，発表する場面が出てきます。しかし，せっかく調べたのに，伝えたいことが多すぎて要領を得ない，結論が何かわからない，早口で話すので内容が聞きづらいなどのことを見かけることがあります。

　この活動では，自分が伝えたいことを聞き手に伝わりやすくするために，「はじめ・中・終わり」の話の構成の仕方を学びます。「はじめ」では，一番伝えたい結論を話します。「中」は，話の中心です。具体例を挙げたり，エピソードを交えて話をしたりすると，聞いている人がイメージしやすくなります。「終わり」では，はじめに言った結論をもう一度繰り返し，自分の考えを強調することで，伝えたいことがよりわかりやすくなります。さらに，話し方の工夫として目線はできるだけ聞き手の方に向けることや，間を意識して話すことなどをアドバイスします。話題は，「自分の好きなもの」「自分の行きたいところ」などとし，子どもたちにとって話しやすい内容にすることで，スピーチのこつを学ぶことができます。

2 評価のポイント

・「はじめ・中・終わり」の構成に基づいて，文章を組み立てることができているか，スピーチをするときに，目線や間の取り方を意識してできているかをみます。
・振り返りでは，友だちのスピーチを聞き，よい点や工夫しているところを見つけ，自分のスピーチにどう生かそうとしているかを書かせることで，評価することができます。

3 | 活動の進め方

❶話題を決め，思いついたことをメモする（2分）

話すテーマが決まったら，思いつくことを付箋に書き出していきます。

❷どんな順番で話すか，考える（3分）

付箋に書いたメモを，「はじめ」「中」「終わり」に分けて並び替え，どんな順番で話すとよいか考えていきます。

❸原稿を書く（15分）

並び替えた付箋をもとに，「はじめ・中・終わり」を意識して，発表原稿（300字程度）を書きます。聞き手に興味をもって聞いてもらえるように，「みなさん，○○を知っていますか。」「なぜだか，わかりますか。」と呼びかけたり，「この○○を見て下さい。」と，実物や写真を見せたりすると効果的なことも伝えます。書き終わった人から，スピーチの練習をします。

❹グループで発表し合う（10分）

6人グループになり，1人が発表者，残りの人は聞き役になります。発表が終わったら，よかったところ，さらに工夫したらいいところなどを交流していきます。発表の内容や構成だけでなく，発表するときの目線や表情，間の取り方などの視点からも，意見や感想が伝えられるようにします。

❺各グループから代表が1人出て，発表する（5分）

グループの中だけの発表に終わらず，全体で各グループの代表の発表を聞き合うことで，さらに全体のスピーチの力の向上が期待できます。

❻振り返りとまとめをする（5分）

今日の学習を通して，聞き手に伝わりやすい話の構成の仕方や，話し方の工夫について振り返ります。何人かに発表させ，最後にまとめをします。

・話題が決まるまでに時間がかかる児童がいると予想されるので，スピーチのテーマを，事前に伝え，考えておくようにさせます。
・「はじめ」に結論を言うスピーチの仕方は，方法の1つです。今回は基本の形を学ぶので全員同じ方法でやりますが，慣れてきたら，違う方法にも挑戦してもいいことを伝えます。

| 中学年 | 基本・スキル型 | スピーチ |

24 もしも○○だったら!? スピーチ

●対象学年：3年　●活動時間：5分程度　●準備物：ワークシート，メモ用紙など

つけたい力，スキル

・自分の楽しいと思うことを考え，友だちに伝えることができる。

・友だちの話を興味をもって聞き，自分なりの考えをもつことができる。

1 | この活動のねらいと指導のポイント

　もし空を飛べたり水中で息ができたりしたら，自分だったらどんなことをするか。子どもたちは，ワクワクしながら考えるのではないでしょうか。その楽しい気持ちを友だちに話すことや相手の考えを聞くことで，会話はより弾んだものになるはずです。

　子どもたちが楽しんで考えたりわくわくしながら聞いたりするためには，提示する題材が重要です。また，スピーチの話型を作っておくと，話す内容を考えやすくなります。質問や感想に対しては，発表者以外の児童も答えるようにすると学級全体での活動になります。最後に感想を書く時間を設定することで，発言できなかった児童も自分の思いを表現できます。この活動を早い時期に行うことで，意欲的に発言できる学級になります。

2 | 評価のポイント

・毎日のスピーチ後，感想を書かせることで児童1人1人の考えを知ることができます。また，児童にとって身近な題材は考えやすくなります。

・スピーチをする児童の様子をよく見ることが重要です。声の大きさや響き，話型を使えているかなどポイントを絞ります。

・感想や質問を発言できることも大事なポイントです。聞いているからこそ，話せることがあります。

3 | 活動の進め方

❶題材を知る（1分）
　題材の提示は，学級の実態に応じて前日までにしたり，直前にしたりすることができます。題材は，児童が興味をもちやすいよう，身近なことにします。
T　今日の題材は，「もしも○○だったら」です。それでは，○○さんから始めましょう。

❷スピーチを行う（1分）
　時間は学級の実態に応じて，短くしてもできます。また，1分の目安として6文程度話せばよいことを伝えます。また，基本的な話型を作っておくのも効果的です。
C　今から，スピーチをします。

❸質問や感想を伝え合う（2分）
　児童が質問をし，それに答える時間を設定します。答える児童は，発表者に限らなくてもかまいません。
T　何か質問はありませんか？
C　○○だったら，どうだと思いますか？
T　答えられる人はいませんか？　発表者に限りません。
C　○○だと思います。○○だからです。

❹感想を書く（2分）
　児童が，思ったことを感想に書きます。題材についての自分の思いや今日のスピーチについてなど，1人1人が楽しいと思ったことを書くように声かけします。
T　それでは，感想を書きましょう。自分だったらどうするかや今日のスピーチの感想，自分が楽しいと思ったことを書きましょう。

［ワークシート例］

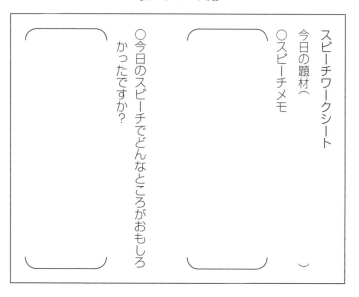

中学年　基本・スキル型　スピーチ・メタ認知

25 話し方って大事だね

●対象学年：3年　●活動時間：10分程度　●準備物：デジカメ，ワークシート　●関連教材：「つたえよう，楽しい学校生活」（光村3年）

つけたい力，スキル

・聞き手の人数を考え，必要に応じた声の大きさで話すことができる。
・伝えたい内容を意識し，声の抑揚や間の取り方を工夫することができる。

1 この活動のねらいと指導のポイント

　児童が大勢の前で話をするときには，早口になったり小さい声で話したりする場合が多くなります。そこには，ただしゃべればいいという自分中心の考え方や自信のなさがあると考えられます。そこで，聞き取りやすい声の大きさや話の中心が何なのかがわかりやすい話し方を考え，練習することで，聞き手にわかりやすい話し方を意識できるようにさせます。また，話し手と聞き手の教え合いを行うことで，聞き手側であってもよい話し方を考えることができます。さらに，これがよいというはっきりとした考えをもつことは児童が自信をもって活動することの助けになります。

　活動を行うに当たっては，学級で作った「よい話し方」のシートを教室に掲示しておくことで児童がいつでも確認できるようにしておきます。また，日ごろから教師自身がよい話し方を意識して話すことも必要だと考えます。

2 評価のポイント

・児童が話す練習をしている様子を，顔の向きや口の開け方などに注意して観察します。このとき，デジカメを使い話し方を録画することで，児童にも確認させることができます。
・耳障りではない程度の声の大きさであるかどうか確認します。
・話の中心での間の取り方や声の抑揚を工夫できているかを確認します。
・教え合いのときのワークシートは回収し，話し方に対する考えの確認をします。

3 | 活動の進め方

事前に，よい話し方とはどういうものかを全体で確認しておきます。話し合いの練習は，ペアやグループで行います。

❶よい話し方の確認をする（2分）

まず，事前に用意している「よい話し方」の教室掲示を使用し，「よい話し方」を確認します。
T 「よい話し方」とは，どんな話し方でしたか？
C 声の大きさを工夫することです。
C 大事なところに注意して，間を工夫することです。

❷発表の練習をする（1分）

次に，発表の練習をします。このときは発表者が自分なりの工夫で話します。聞き手の児童にはワークシートを配付し，「どんなところがいいか」「どう変えればいいか」を記入しながら聞くようにさせます。
T それでは，練習してみましょう。聞く人は，どんなところがよかったか，どう変えていけばいいかを考えながら聞きましょう。

❸教え合いを行う（3分）

最後に，教え合いを行います。話し手からは気を付けたところや工夫したところを説明します。聞き手からは話し手の児童によかったところや気づいたことを伝えさせ，発表がよりよいものになるようにします。時間が余るようであれば，発表者の練習の時間とします。
T 発表した人は気を付けたところや工夫したところを，聞いていた人はよかったところやどう変えたらいいと思うかを伝えましょう。

活動❷・❸を繰り返し行い，全員が一度は発表の練習を行えるようにします。

[ワークシート例]

中学年	基本・スキル型	討論

26 話し合いにチャレンジ

●対象学年：中学年　●活動時間：45分　●準備物：マグネット（名前），司会の進め方の
ワークシート，ストップウォッチ　●関連教材：「よりよい話し合いをしよう」（光村4年）

つけたい力，スキル

・司会グループは，役割を果たしながらみんなの意見をまとめることができる。

・参加者は，自分の意見を話す際，立場を明確にして理由とともに発表することができる。

1 この活動のねらいと指導のポイント

　学習の中で話し合いをする機会は，各教科の授業だけでなく学級活動の時間などにも多く目にします。しかし，話し合いの様子を見ていると，意見が出なくて止まってしまう，何を言いたいのかまとまっていない，司会が話を上手に進めたりまとめたりすることができないなどの場面が多くあります。

　この活動では，司会・参加者としての役割や，話し合いの進め方，意見の発表の仕方を学びます。司会者は，進め方のワークシート（次ページ参照）を見ながら司会をすることで，スムーズに話し合いを進めることができます。参加者は，掲示された話型（○○さんと同じで，違ってなど）を見ながら話したり，自分の立場・理由の順番で発表したりすることで話しやすくなるだけでなく，聞く人も発表を聞きやすくなります。この活動は，一度で終わるのではなく何回もしていくことで，司会や話し合いの仕方にも慣れていきます。クラスを前半・後半に分け，クラスの半分は観察者として参加することで，友だちの発表の仕方でよいところや工夫したらよいと思うところを見つけ，自分の発表に生かすことができます。司会をすることに不安をもつ児童もいますが，少人数から始めることで司会に慣れていきます。

2 評価のポイント

・自分の意見を発表するときには，はじめに自分の立場やその理由，友だちの発表とつなげて発言できているかをみます。

・司会や提案・参加者などの役割や話し合いの目的を理解し，司会グループは協力して話し合いを進め，最後にはみんなの意見をまとめることができたかもみます。

3 | 活動の進め方

（事前）議題・司会グループを決める

クラスで話し合いたい議題について提案する児童を決めておきます。（※議題の例 「ペア・クラス遊びで何をするか，そのルール」など。） 司会グループのメンバー（例：司会2名・書記2名・時間管理係1名）を決め，進め方・時間配分を話し合っておきます。

❶今日の学習の確認をする（3分）

議題について確認し，司会グループを紹介します。司会には，司会の進め方のワークシートを用意しておきます。観察者は，話し合いを見て，よかったところ・工夫したらよいと思うところをメモしておき，最後に発表することを伝えます。

❷議題についての質問・時間配分の確認をする（2分）

質問がない場合は省いてもかまいません。質問の後に時間配分を時間管理係がクラス全体に伝えます。

❸自分の考えを書く（5分）

議題について考えをノートに書く時間をとります。

> ### 司会の進め方
>
> 今から話し合いをはじめます。
> 〈提案があれば〉
> まず，今日の議題について，（　　　）さんから提案してもらいます。
> （　　　）さん，お願いします。
> 〈司会が提案する場合〉
> まず，今日の議題について話します。
> 　〜提案者（司会者）が話をする〜
> 議題について質問のある人はいますか。（いた場合当て，質問に司会者か提案者が答える）
> （質問のあと）他に質問はありますか。
> （間をあける）
> 質問がないようなので，これから「　　　　　」について話し合いたいと思います。
> （　　　）さん，この後の時間配分について説明してください。
> 　〜タイムキーパーが時間配分を言う〜
> では，何か意見のある人は手を挙げてください。
> 〈挙手があれば〉
> はい，（　　　）さん。〜発言してもらう〜
> 〈意見が出なければ〉
> 意見が出ないようなので，（　　）分ほど時間をとります。グループで話し合ってください。
> その後，代表者がグループで出た意見を発表してください。
> 　〜話し合い〜
> では，グループの代表の人，出た意見を発表してください。
> はい，（　　　）さん。〜発言してもらう〜
> ありがとうございます。他のグループはどうですか。
> 　〜意見を全部出し終え，話し合いがまとまったら〜
> 今日は，「　　　　　」について話し合いました。
> その結果「　　　　　」という意見が出ました。
> 〈もし，その日だけでは決められないとき〉
> 「　　　　　」という意見は，今度くわしく話し合いたいと思います。
> これでおわります。

❹話し合いをする（20分）

書記は，黒板に話し合いを記録していきます。黒板に記録するときには名前のマグネットを貼り，誰の意見なのかわかるようにします。発表するときには，友だちの意見に対して，自分の立場とその理由を発表します。意見が出なければグループで話し合う時間をとります。

❺まとめをする（3分）

司会が話し合いで出た意見を黒板をもとに整理し，決まったことを確かめます。

❻感想を出し合い，振り返りをする（10分）

観察者から司会・参加者の発表の仕方でよかったところ，工夫したらよいと思うところを言います。司会や参加者は，議題に沿って話し合いが進められたかを振り返ります。

Chpater2　指導編　話すこと・聞くことの技能が身につく活動アイデア44 | 71

| 中学年 | 基本・スキル型 | 話し合い・メタ認知 |

27 めざせ！名司会者
―話し合いの仕方を学ぼう―

●対象学年：中学年　●活動時間：30〜45分　●準備物：観察者の児童はバインダー等のメモがとりやすい物　●関連教材：「つたえよう，楽しい学校生活」(光村3年)，「よりよい話し合いをしよう」(光村4年)

つけたい力，スキル

・司会者として，目的や話題に応じて話し合いの進行をすることができる。

・話題についての意見を出し合い，進行に沿った話し合いをすることができる。

1 │ この活動のねらいと指導のポイント

　話題に応じて，それぞれが自分の考えを出し合い，話し合いを進めていけるように，司会者としての役割を学びます。同時に，話し合いに参加する者として，賛成や反対等の立場を明確にしながら意見を述べることや，考えとその理由をわかりやすく述べることも学びます。

　代表班として実践的に話し合いの方法を学んでいく過程と，観察者として客観的に話し合いの方法を学んでいく過程の2つを組み合わせることで，自分たちの話し合いの様子をメタ認知し，よりよくするための方法を考えていきます。活動の前半は，代表班の話し合いとその観察，後半は，実際に司会をやってみての感想や観察していて気づいたこと等の意見を出し合いながら，話し合いを振り返る活動を行っていきます。話し合いでのやりとりを捉えることが難しい場合には，事前に話し合いを行っておき，教師が逐語録を作成したり，映像記録を活用したりすることで，話し合いの様子が捉えやすくなります。

2 │ 評価のポイント

・司会者としての役割を理解し，話し合いの進め方に関する知識を学ぶことができたかどうか，学習の振り返りとして発言させたり，ノートに書かせたりします。観察していた児童の観察メモも評価材として扱います。

日常化のポイント

・他教科の学習での話し合い（グループの話し合い等）でも司会者を立てた話し合い活動を取り入れることで，多くの児童が司会を経験することができ，日常的に司会者を立てた話し合い活動を行うことができます。

3 活動の進め方

❶自分たちの話し合いでの課題を確認し，解決方法を考える（15分）

まず，自分たちの日頃の話し合い活動で困っていることや，もっと上手になりたいと思っていること等を出し合います。次に，それらを解決するためにはどうすればよいか，解決方法を考えていきます。

（例）うまく進めることができない，話題から逸れてしまうことがある，意見が出にくく沈黙が続いてしまう，たくさんの意見が出たときにまとめ方がわからない　など

❷代表班による話し合い活動とその観察をする（10分）

代表班が中央で話し合い活動を行い，その周りを観察者の児童が取り囲むようにします。自分が観察する児童の担当を決め，発言内容とそのときの様子を観察できるよう対角線上に位置します。発言内容や気づいたこと等をメモしながら，話し合いを観察します。発言内容は，すべてではなく要点のみでもかまいません。記号や矢印も活用させます。個別の観察のみでは全体の流れがわかりにくいことがあるので，全体を観察する児童を設定することもあります。

代表班の児童は，❶で考えた解決方法を意識しながら，少し大きめの声で話し合いを進めていきます。

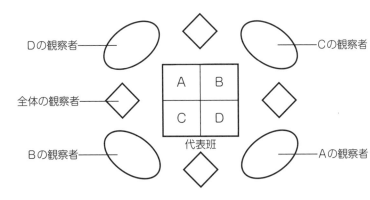

❸代表班の話し合い活動をもとに，よかった点や改善点を出し合う（15分）

❶で考えた課題の解決方法を実践できていたかどうか，具体的な発言内容を挙げながら，よかった点や改善点を交流し合い，今後の話し合い活動に生かせるようにします。

❹活動のまとめをする（5分）

❸で出てきた内容を整理し，学級で共有できるようにします。個々のノートにポイントをまとめたり，司会者の台本を作成したり，その時々の学習内容に応じたまとめを行います。時間に余裕があれば，3人組や班で実際に話し合い活動を行うこともできます。

| 中学年 | 基本・スキル型 | メタ認知 |

その理由でだいじょうぶ？

●対象学年：3年　●活動時間：20分程度　準備物：ワークシート，メモ用紙など　●関連教材：「しりょうから分かる，小学生のこと」（光村3年）

つけたい力，スキル

- スピーチの内容と自分の考えを比べ，自分の意見をもつことができる。
- 自分の考えをはっきりともち，みんなに伝えることができる。

1 この活動のねらいと指導のポイント

　人の意見を聞くとき「本当に正しいのか」「違う意見はないのか」などを考えながら聞くことは，子どもにとっては難しいことかもしれません。話し手の発言はあくまで考え方の1つであり，自分の考えと照らし合わせて考えてこそよい話し合いができ，よりよい意見を作ることができます。

　活動としては，表やグラフからわかること・考えたことを全体の場で発表させ，それをもとに自分の考えをもたせます。その後，教師が先ほど作った意見とは明らかに違う意見を言います。それに対して，児童がどう発言するか様子を見ます。意見が出た場合はそのまま話し合いを続け，出ない場合はこちらから「おかしいところはなかった？」と聞いて話し合いを進めていきます。その経験を積ませてから自分たちの力で話し合い活動を行うようにさせます。

2 評価のポイント

- 自分の考えをもって，話し合いに参加できているということが大切です。そのため，はじめに自分の考えをノートに書かせて評価します。
- 話し合いの過程で新たに気づいたことや考えたことをノートに記録させておくと，児童の考えの変容を捉えやすくなります。また，児童自身も自分の考えの確認ができるので，考えを整理しやすくなります。

3 活動の進め方

❶資料について，みんなで考える（8分）
　資料は簡単な表を使います。また，読み取ったことを板書します。
T　この資料からどんなことがわかりますか？
C　〜の部分が一番大きいです。
C　だんだん増えていると思います。

❷資料をもとにした教師の発表を聞く（2分）
　スピーチは，児童が発見したことから行います。ただし，意図的に間違ったことを入れます。
T　今から，〇〇について発表をします。……

❸発表を聞いて思ってことを発表させる（10分）
　スピーチの後，質問の時間として設定します。児童から質問が出ない場合はこちらから「〜のところを聞いてどう思いましたか？」とたずねることで，意見が出やすくなります。また，複数の児童に発言させることで，児童は安心して発言できます。

　意見が出た場合
T　何か質問はありませんか？
C　〜の部分は違うと思います。
C　私もそう思いました。
T　どう違っていますか？
C　先生は変化がないと言ったけど，実際は少しずつ増えています。……

　意見が出ない場合
T　〜のところについてはどう思いましたか？
C　みんなの意見と違っています。

［板書例］

中学年　応用・活用型　聞き取り

29 今日の話題はいくつ？

●対象学年：3年以上　●活動時間：10分　●準備物：ワークシート（もしくはノート）
●関連教材：「よい聞き手になろう」（光村3年）

つけたい力，スキル

・話の中心に気をつけて事柄を聞き，話題を箇条書きにすることができる。
・聞いた話に対して関連する質問をしたり，感想をもったりすることができる。

1 この活動のねらいと指導のポイント

　朝会での校長先生の話や担任の先生の話，友だちの話を聞く具体的な場面を設定します。話をしっかりと聞き，いくつの内容の話があったかを箇条書きで示し，簡単な感想をもてるようにしていきます。

　話し手が何をいちばん伝えたいのかを考えて，聞き手は聞くよう促します。話題を箇条書きにすることで，聞いた話を再構成して内容を補うための質問に気づかせます。

　聞き手には簡単な感想をもてるよう，自分の生活経験と結び付けるなど意識して話を聞くよう促します。5W1H（いつ・どこで・だれが・なにを・なぜ・どのように）に着目させます。

2 評価のポイント

・話し手の目を見て話を聞いていることや話に対してうなずいたり，首を傾げたりする態度面の反応をみます。
・話題について簡単にワークシートに箇条書きすることができているか，もしくは口頭で列挙できているかを確認します。話題の数や話の中心についてずれはないか，自分なりの感想をもてているか，ワークシートを回収してみます。
・話し手の話の中心に関連した質問や聞き手どうしで質問をしたり，感想を言ったりできているかを確認します。

3 | 活動の進め方

校長先生のお話で，話題がいくつあったかなどをワークシートに書くことを事前に伝えておきます。意識して話を聞く心構えを前もって児童にもたせておきます。

❶ワークシートの記入をする（2分）

まず，校長先生のお話についてワークシートに書き込ませます。全員が集中して取り組むことができるように，記入する時間があまり長くならないようにします。

T　話題はいくつありましたか。話を聞いて，質問や思ったことを短く書きましょう。

❷発表する（5分）

次に，教師が話題について板書します。最初は板書や司会の役を教師がします。慣れてくれば，児童に司会を交代し，教師は児童の発言の板書に集中します。

T　校長先生のお話の中の話題はいくつありましたか。
C　11月という季節について，音楽会について，あいさつについての3つです。
T　質問はありますか。
C　立冬のお話で暦の上で冬が始まることがわかりました。冬至と何が違うのでしょうか。
T　冬至は1年で一番昼の時間が短い日のことです。また，給食では南瓜をいただきますね。

❸ワークシートに感想を書く（3分）

最後に，話題ごとに感想を聞きます。感想を記入させてからワークシートを回収します。

［板書例］

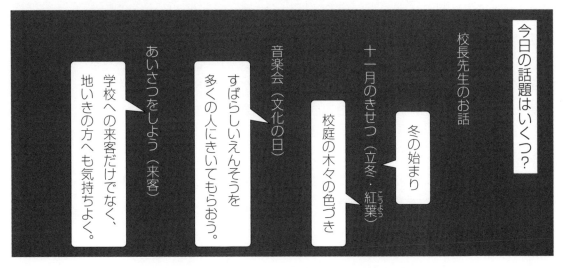

中学年　応用・活用型　インタビュー

30 ようこそ！○○の部屋へ

●対象学年：中学年　●活動時間：5〜10分　●準備物：自己評価や相互評価を記入するためのノートやワークシート　●関連教材「きいて、きいて、きいてみよう」（光村5年）

つけたい力，スキル

・インタビューの活動を生かして，聴衆を意識しながら相手から話を聞き出すことができる。

1 この活動のねらいと指導のポイント

　本書で紹介した全学年対象の「ほめほめインタビュー」，低学年対象の「あいづちインタビュー」，中学年対象の「ぐいぐいインタビュー」の学びを生かした発展的な活動です。ある事柄やテーマについて，対談に近い形態でやりとりを進めていきます。インタビューをする人，受ける人の関係に聴衆が加わることがこの活動の特徴です。この活動では，聴衆がききたいであろう内容を想定し，相手から話を聞き出していくことが目的となります。1つの話題からその枝葉の部分にあたる細部の情報を引き出すこと，1つの話題から多様な話題へと転換させていくこと等を学んでいきます。活動の後半では，聴衆からの感想をもとに2人のやりとりを振り返っていきます。学級全体の前で代表児童が行う場合，グループごとにインタビューをする人，受ける人，聴衆を交代しながら行う場合が考えられます。

2 評価のポイント

・聴衆を意識しながら相手から話を聞き出すことができていたか，やりとりの様子からみていきます。しかし，想定していた内容とは違う方向に話が進むことも考えられるため，事前にインタビュアーの児童が考えていた構想メモも参考にします。
・聴衆からの感想も活動の評価，振り返りとして重要になります。

日常化のポイント

・インタビュアーとしての自己評価を記述させることで，自己の成長を自覚することができ，次の活動への意欲にもつながります。

3 | 活動の進め方

> 4人グループで行う場合

❶役割を分担する（1分）

インタビューをする人と受ける人，聴衆に分かれて準備をします。

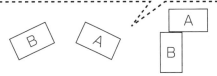

インタビューをする人と受ける人は，真正面で向かい合うより斜めやL字型の方が話しやすいです。

❷やりとりを始める（2分）

A　りさこの部屋へようこそ。本日のお客様は，石田さんです。
B　こんにちは，よろしくお願いします。
A　早速ですが，石田さんが最近はまっていることは○○だと聞きましたが，本当ですか？
B　そうなんです。でも，どうして知っているんですか？
A　実は，石田さんの大親友の木下さんからエピソードを聞いているんです。
　　︙
　（やりとりが続く）

❸聴衆が感想やよかったところを伝える（1分）

感想とともに，うまく話を聞き出せていたところやうまく話題を転換させていたところ等を交流していきます。

❹役割を交代して，❷と❸を同様に行う（3分）

❺活動の振り返り，自己評価や相互評価を行う（3分）

インタビュアーの児童は自己評価を記入し，他の児童は活動をしての感想や話を聞き出すときのポイント等を自分のことばでまとめておきます。学級全体で共有すべきポイント等が見つかった場合には，皆で共有し次回の活動へつなげます。

> 代表の児童が行う場合

❶代表の児童2人が全体の前でやりとりを行う（2分）

❷代表児童のやりとりを振り返り，よかった点や改善点を交流する（3分）

他の児童は聴衆として代表児童のやりとりを観察し，よかったところ，もう少し掘り下げた話が聞きたかったところ等を交流し合います。

中学年 応用・活用型 プレゼンテーション

31 ブックトーク

●対象学年：中学年 ●活動時間：2時間 ●準備物：タイマーかストップウォッチ
●関連教材：「ごんぎつね」（光村4年）

つけたい力，スキル

・必要に応じて引用や要約して，心に残ったことを表すことができる。
・テーマに沿った内容で自分の考えをプレゼンテーションすることができる。

1 この活動のねらいと指導のポイント

　あるテーマに沿った本を見つけ，クラスのみんなにプレゼンテーションする活動です。友達が選んだ本のおすすめポイントを聞いて，自分から本を読んでみようとする意欲を高めたり，読書の幅を広げたりすることに役立ちます。また，同じ本でも友だちとの交流を通して1人1人感じ方に違いがあることにも気づかせることができます。心に残った挿絵やページを紹介することで，聞き手にとって興味をもって聞かせることができます。

　テーマは教科学習の中での並行読書のほかに「好きな〇〇」等も考えられます。発表の内容は，あらすじに分量を割くのではなく，感じたことや考えたことを中心に書くように指導します。また，感じたことは本のどこからそのように感じたのかも合わせて書くようにするとよいことも伝えます。

※いろいろな本を読ませるために，朝学習などの時間を活用して簡単にメモをしながら読ませていくようにします。「読書通帳」なども活用して読んだページを貯めていくと，より興味をもたせることができます。

2 評価のポイント

・伝えたい内容を本から引用や要約して伝えることができているかをみます。
・伝えたい事柄を「はじめ・中・終わり」を意識して伝えることができるかどうかをみます。
・声の抑揚や間の取り方など，聞き手に伝わりやすいように工夫することができているかどうかをみます。

3 | 活動の進め方

1時間目

　紹介したい本について，「はじめ・中・終わり」を意識して，下記の観点で文章を書かせます。

　・「はじめ」では簡単に伝えたい内容や問いかけをする。

　・「中」ではあらすじなども含めてより詳しく説明する。

　・「終わり」では全体のまとめをする。

　紹介したい本は手元に置いて，必要に応じて読み直すことができるようにさせます。ブックトークでは聞き手に興味をもってもらうために話をすることが大切なので，本の結末まで話してしまわない方がよいということを伝えます。

　書き上がった人から準備をした原稿をもとに，声の抑揚や間の取り方など，聞き手に伝わりやすい発表の方法を考えさせるようにします。

2時間目

❶各自で発表の仕方を確認する（5分）

　声の抑揚や間の取り方などについて，紹介したい内容との関わりで確かめさせます。

❷選んだ本のいいところや好きなところをグループで伝え合う（20分）

　「今から発表を始めます。わたしは，○○という本について紹介します。この本のおすすめは，○○のところです。○○のところが一番心に残りました。なぜかと言うと，○○だからです。…ぜひ，みなさんも読んでみてください。」

※自分の選んだ本を紹介するときには，本の表紙や挿絵を実際に見せたり，心に残ったところを読んだりして紹介させるようにします。

　全員が発表し終わったら，それぞれの発表についてよかったところや気づいたことを交流します。交流した中で，一番おすすめの本をグループで1冊決めます。

❸グループで決まったおすすめの本を全体で発表し，クラスのベスト1を決める（15分）

　発表したあと，その本についての感想や質問タイムを設けて交流することによって，みんなが読んでみたいなと思った本ベスト1を決定します。

❹友だちのよかったところについて振り返りをする（5分）

※自分の考えがまとまるまでに時間がかかる児童もいるので，テーマは学習する単元の最初に伝えておくようにします。今回は，「ごんぎつね」と関連させて活動したので，テーマは「新美南吉の世界を味わおう」としました。

Chpater2　指導編　話すこと・聞くことの技能が身につく活動アイデア44 | 81

| 中学年 | 応用・活用型 | メタ認知 |

32 分け分けしてから比べよう！

●対象学年：中学年　●活動時間：15〜30分　●準備物：短冊カード，名前マグネット　●関連教材：「つたえよう，楽しい学校生活」（光村3年），「よりよい話し合いをしよう」（光村4年）

つけたい力，スキル

・グループや学級の話し合いで出た意見を観点ごとにグループ分け（分類）したり，比較したりすることで長所や短所を見つけ，論理的思考力を働かせた話し合いをすることができる。

・情報と情報との関係を考え，分類や比較といった思考を働かせて情報を整理することができる。

1 | この活動のねらいと指導のポイント

この活動では，学級会等で行われている話し合いを取り上げ，皆で出し合った意見やアイデアを分類したり比較したりすることで情報を整理する方法を学んでいきます。学級会等では，意見はたくさん出たが，その意見をうまく整理することができず，結局何を話し合っていたのかよくわからなかったといった状況が起きやすいです。そこで，国語科の学習として情報と情報との関係を考え，分類したり比較し合ったりする方法を学んでいくことが大切になります。

情報の整理や情報と情報との関係について考えることや論理的思考力を働かせることは，説明的文章の学習とも密接しており，読むことの学習と関連させて本活動を行うことも可能です。まずは，分類する方法を学び，次に高学年対象の「みんなの意見を整理しよう」へと発展させていくことで，よりよい話し合いの仕方について学ぶことができます。さらに，この活動を通して話し合いでの書記の役割についても学ぶことができます。意見をどのように整理していくのか，どのように記録していけば思考過程を可視化することができるのか等を発達段階に応じて学んでいきます。

2 | 評価のポイント

・出し合った意見やアイデアについて，共通点や相違点をもとに分類することができていたか，分類観点に基づいて意見を比較することができていたか等，話し合いでの具体的な発言を中心にみていきます。

3 | 活動の進め方

話し合いの話題は特に指定しませんが，多様な考え方やアイデアが出る話題で行うことで，分類したり比較したりする方法を効果的に学ぶことができます。ここでは，「学校をよりよくするために自分たちにできること」という話題での話し合い例を取り上げています。

❶司会者を中心に，話し合いの目的と進め方を確認する（3分）

話し合いの話題を提示し話し合いの目的（この場合は，単に学校をよりよくするための方法を考えるのでなく，そのために<u>自分にできることを考える</u>ことになります。）を確認してから，話し合いの進め方（アイデアをたくさん出すだけで終わるのか，アイデアを出し合い1つに決定するのか等）を皆で共有します。目的を確認することは，話し合いの論点を明確にすることにつながります。

❷意見を出し合い，その意見を分け分け（分類）していく（15分）

まずは，一人一人の考えを出し合っていきます。短冊カードを使用すると，黒板上での分類がしやすくなります。カードは自由に動かすことができるので，話し合いの過程で，分類観点を追加したり，変更したりしてもすぐに対応することができます。

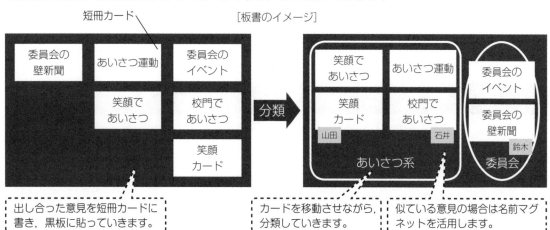

❸分類した意見を比較し，話し合いを深めていく（10分）

分類したものをもとに長所や短所等を出し合い，さらに話し合いを深めていきます。分類の観点を皆で共有し，それぞれの意見をさらに見つめ直すことで，よりよい考えを生み出したり，新たな考えを構築したりすることができ，児童の論理的思考力を高めることができます。

グループやペアの話し合い時には，ミニ黒板やミニホワイトボード等を活用することで同様に，分類したり比較したりすることの有効性を学ぶことができます。

| 高学年 | 基本・スキル型 | 聞き取り |

33 今日の話のポイントは？

●対象学年：高学年　●活動時間：10分　●準備物：ノート

つけたい力，スキル

・話し手が伝えたいことを考えながら，大事なところを落とさないで聞くことができる。

1 この活動のねらいと指導のポイント

　この活動のねらいは，話を聞くときに，相手が何を言いたいのかを考えながら聞く力を高めることです。朝の会での担任の先生の話や，全校朝会での校長先生の話を題材にすることで，より内容を意識して聞く力を高めることができます。

　話をする側のポイントは，話を3つにすることです。話す時間は3分程度です。

　また，内容を理解させるために，メモを取らせません。そうすることで，何を伝えたいかに集中して聞くことができます。話をする人が，何を伝えたいかを明確にもっておくことが大切です。

2 評価のポイント

・話をした後に，話し手が伝えたかった内容をノートに箇条書きさせます。3つすべて書けていれば，聞く力が高いと判断します。はじめの方しか書けない児童は，後半の内容が理解できていません。

・だらだらとした内容を書く子には，「先生が言いたいことは3つあります。一言で書きましょう」と指示することで，話のすべての内容を書こうとしなくなります。

・教師は，児童のノートを回収し，しっかり内容を理解できている児童を把握しておきます。月に1回程度実施し，聞く力が高まっているかを評価していきます。

3 活動の進め方

❶活動の説明を聞く（1分）

T　今から，今日の朝会での校長先生の話をします。それをノートに書いてもらいます。でも，話の内容をすべて書くのではありません。君たちに何を伝えようとしているのか。一言で書いてもらいます。

❷話を聞く（3分）

T　それでは，今から話をします。メモを取らずに聞きましょう。

❸ノートに書く（5分）

T　では，今の校長先生の話をノートに書きます。何を伝えたいかを書くのですよ。話は3つありました。これとこれとこれを言いたいというように箇条書きで書きましょう。

　5分後，児童のノートを回収します。回収後，校長先生が伝えたかった内容を確認します。ノートをチェック後，3つとも理解できている児童の人数を知らせます。

　聞き取れる児童が少ない場合は，何を伝えたいかを考えて聞く力が弱いことになります。そのため，授業中，教師や児童の発言にも理解できていない可能性が高いです。その場合，教師が話をする際には，終わりに「先生が言いたかったことは○○です。」と言うようにし，伝えたい内容が何かを考える習慣を身につけさせていきます。また，先生が話をした後に，言いたかったことが何かを児童に発言させていくこともできます。
　大事なことは，話をきちんと理解できる児童を育てていくことです。

［児童のノート］

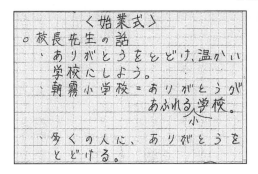

| 高学年 | 基本・スキル型 | インタビュー |

34 きりかえしインタビュー

●対象学年：高学年　●活動時間：5〜10分　●準備物：タイマーかストップウォッチ，必要であればメモ用紙，鉛筆

つけたい力，スキル

・1つの話題について，より詳しく情報を得るために，切り返して質問をすることができる。

・相手が言いたいことはどういうことか考えながら，相手の思いをくんで聞くことができる。

1 この活動のねらいと指導のポイント

　フリートークを行うとき，必ずと言っていいほど出てくるのが「沈黙」ではないでしょうか。友だちの話に熱心に耳を傾ける一方，話の内容について質問することはせず，早々とフリートークを終えてしまう姿を見ることがあります。インタビューについても同じで，一問一答形式になってしまうインタビューをよく見かけます。

　この活動では，1つの話題について「それはつまり…ですか」のように，切り返しの質問をすることを意識してインタビューを行います。「しかし，…なところもあるのでは」のように反論型の質問をしてもかまいません。問いに対して切り返し，質問して知り得た情報を，さらに詳しく訊く経験をさせることができます。

　また，切り返しをするためには，能動的に興味をもって，相手の話を聞くことや相手の言いたいことは何なのか考えながら聞く必要があります。聞く力の高まりも期待できる活動です。

2 評価のポイント

・インタビューをするときに，新しい質問を次々とするのではなく，相手の返答に対し，切り返しの質問をしたり反論型の質問をしたりして，1つの話題についてより詳しく質問ができていたかがポイントになります。

3 | 活動の進め方

❶話題を確認する（1分）

（例）好きな○○（食べ物・スポーツ，教科など）

学校行事（自然学校・修学旅行など）で心に残ったこと

中学生になって入りたい部活動（6年生で入りたい委員会活動）など

❷インタビューの事前準備をする（1分）

インタビュー活動を始める前に，1分程度時間をとり，質問を考えさせておきます。

このときに，あらかじめ切り返しの質問をいくつかもっておくと，インタビューのときに慌てずに済みます。また，どの順番でインタビューするとよいかも考えておきます。

❸インタビューをする（1～2分）

相手に質問したり切り返したりし，1つの話題について，できる限り会話が途切れないようにします。

「好きなスポーツ」で「陸上競技」と答えた場合

（Q）なぜ，好きなんですか。

（A）練習をすると速く走れるようになるからです。

（Q）でも，練習ってしんどくないですか。

（A）しんどいけど，自己新記録が出るとうれしいから頑張れます。

（Q）記録が伸びないときもあるんじゃないですか。

（A）そのときはとても悔しいけど，次にまた頑張ろうと思うようにしています。

（Q）なるほど。練習はどんなことをするんですか。

（A）……以下省略

❹まとめをする（1分）

インタビューの振り返りをします。

インタビュアーは，インタビューしてみての反省「あのとき，こう聞けたらよかったな。」，インタビュイーは，インタビューされてのアドバイス「あのとき，こう聞いたらよかったんじゃない。」などを交流します。

インタビュアー・インタビュイーが入れ替わり，同じ活動をします。

Chpater2　指導編　話すこと・聞くことの技能が身につく活動アイデア44 | 87

| 高学年 | 基本・スキル型 | スピーチ |

35 「はなおめ」スピーチ

●対象学年：高学年　●活動時間：35～70分　●準備物：ストップウォッチ，ノートまたは原稿用紙2枚程度，資料（児童が作成）　●関連教材：「今，私は，ぼくは」（光村6年）

つけたい力，スキル

・目的を意識して話題を決め，自分の思いを聞き手にわかりやすく伝えるために必要な事柄を整理し，選ぶことができる。

・伝えたいこと（自分の思い）が聞き手に伝わりやすいように話の構成を考え，呼びかけや問いかけを入れるなど話し方を工夫して，スピーチをすることができる。

・自分が伝えたいことの説得力を高めるための，もしくはより聞き手に伝わりやすくするための資料を作成し，その資料を効果的に活用してスピーチをすることができる。

1 | この活動のねらいと指導のポイント

　高学年では，各教科や総合的な学習の時間などで，目的を意識して話題を決め，自分の考えを発表する場面があります。しかし，発表内容が整理されておらず要点がわかりにくい，資料が有効活用できていない，声が小さくて内容が聞きづらいなど課題が挙がることがあります。

　この活動では，自分が伝えたいことを聞き手にわかりやすく伝えるために，「はじめ・中・終わり」の話の構成を意識した上で，最後に聞き手へのメッセージ（呼びかけ）を入れたスピーチの仕方を学びます。「はじめ」では，話題の紹介や1番伝えたい結論について話します。「中」は，話題の具体的な説明や実体験を入れたり，自分が1番伝えたいことの理由を加えたりします。そうすることで説得力が増し，聞いている人が，内容をイメージしやすくなります。ここで資料を提示して説明すると，話し手の思いや話の内容がより伝わりやすくなります。「終わり」では，初めに言った話題や結論をもう一度繰り返し，自分の考えを強調することで，伝えたいことがより明確になります。最後にメッセージ（呼びかけ）を入れることで，聞き手との距離が近づき，聞き手が話に引き込まれる効果があることを体験させます。話し方の工夫として，①話す速さ，②声の抑揚や強弱，③間の空け方，④ジェスチャーなどを意識させることで，自分が特に伝えたいことがより伝わりやすくなることを指導します。話題は，「この半年間（1年間）で最も心に残った思い出」「今自分ががんばっていること」「これからがんばりたいこと」などとし，個々の思いを語りやすい内容にすることで，スピーチのこつを学ぶことができます。

88

2 | 評価のポイント

・「はじめ・中・終わり・メッセージ（呼びかけ）」の構成に基づいて，文章を組み立てることができているか，スピーチをするときに，左記の①～④（児童が自分のめあてとして１つか２つを選択）を意識してできているかをみます。

・振り返りでは，友だちのスピーチを聞き，よかった点や工夫していた点を見つけ，今後の自分のスピーチにどう生かしたいかを書かせることで，評価することができます。

3 | 活動の進め方

❶話題を決め，スピーチの構成を考える（5分）

話題が決まったら，「はじめ」「中」「終わり」「メッセージ（呼びかけ）」の構成を意識して，それぞれの部分で何を伝えるか，簡単に書き出していきます。（箇条書きも可）

（話題の例）「組体操」「小学校１番の思い出，修学旅行」「最後の音楽会」「サッカーのこと」

❷スピーチの原稿を書く（10分）

活動❶の構成メモをもとに，実際にスピーチで発表する原稿（１分程度の内容）を書いていきます。原稿の中に「ここで間を空ける」や「強調して話す」「資料提示」「資料を１枚めくる」など発表する際の工夫も赤で書き込んでおくと，発表でより活用できる原稿になります。

❸資料をつくる（10～35分）

※時間がない場合は，ここをカットして資料なしの発表になります。

話題について，強調したいことや補足説明したいことなど聞き手に興味をもって聞いてもらえるようにキーワード等を画用紙に書いていきます。強調したい言葉は太字にしたり，絵を描いたりすることも聞き手を引きつける工夫になります。実物や写真を見せるのも効果的です。

❹グループで発表し合う（10分）

３～４人グループで１人ずつ順番に発表していきます。聞き手は発表が終わったら，感想を言ったり，質問や助言をしたりします。上手だった人を代表として１人選出します。

❺各グループの代表が発表する（10分）

全体で各グループの代表の発表を聞き合います。聞き手には，代表者のよかったところを挙げさせることで，今後の意欲付けとし，全体のスピーチ力の向上に資するようにします。

Chpater2 指導編 話すこと・聞くことの技能が身につく活動アイデア44 | 89

高学年　基本・スキル型　スピーチ

36 ○○といえば…スピーチ

●対象学年：高学年　●活動時間：5〜10分　●準備物：くじ（スピーチの内容を決めるため），タイマー

つけたい力，スキル

・即興の話題に対して自分の思いを話すことができる。

1 この活動のねらいと指導のポイント

　この活動は，自分の考えを人前で話すトレーニングです。話題が何になるかわからないため，難易度が高いです。スピーチ活動にある程度慣れてきたころに実施します。
　話題について，子どもたちと相談し，話しやすいものを決めるとよいです。

【話題の例】
・色（赤，青，緑…）　・好きなもの（食べ物，遊び，）　・学校（運動会…）
・好きな教科　・食べ物（おすし，デザート…）　・地名（明石，日本，東京…）
・○○先生と言えば　・ストレス解消法　・面白い話　・楽しい話
・後悔した話　・季節　・クラスで旅行する　など

2 評価のポイント

　だれでもわかるような観点が必要です。例えば，以下のような目標を事前に伝えておくと，児童のモチベーションも向上し，振り返りにもつなげることができます。他人と比べるのではなく，個人の伸びで評価をしていきます。

レベル1　意見だけを述べている。
レベル2　意見と理由を述べている。
レベル3　スピーチの内容に次の3点がある。①意見　②理由　③笑い

3 | 活動の進め方

（事前）活動について知る（1分）

T　これから朝の会でスピーチを行います。話題は，くじで出た数字によって変わります。話題を紹介します。（お題の書かれた紙を黒板に掲示する。）

T　スピーチの内容は，このような形で評価していきます。（前ページのレベル1～3を掲示する。）質問はないですか？　では，来週から出席番号順に行います。

❶スピーチのお題を決める（1分）

T　それでは，スピーチを言う人は，くじを引きましょう。

※即興が難しい児童には，事前にテーマを決めておくなどの配慮をしておきましょう。なるべく負荷がかからないように。

❷考える時間（1分）

T　どんな話をするか考えましょう。

　教師がタイマーを30秒セットします。どんなに内容にするか，ワークシートにメモ程度書かせてもいいです。

❸スピーチを行う（1分）

❹評価を伝える（1分）

T　スピーチを頑張った○○さんに拍手をしましょう。

T　では，評価です。（評価表に従って行う。）意見と理由があったので，○○さんのスピーチは，レベル2でした。

T　もう一度○○さんに拍手しましょう。

　別のやり方として，班ごとに行うこともできます。班ごとにくじを用意して実施します。教師が全体の進行を行います。評価はグループのメンバーで行います。班で行うことで，より多くの児童がスピーチを行い，経験することができます。スピーチ後に，聞いていた人が感想を伝えていくのもいいです。発表した人へ温かい言葉をかけてあげることで学級の雰囲気もよくなっていきます。大切なことは，話すことが楽しいという経験をたくさんさせていくことです。

Chpater2　指導編　話すこと・聞くことの技能が身につく活動アイデア44　| 91

| 高学年 | 基本・スキル型 | スピーチ・メタ認知 |

37 宣言します「私・ぼく，この技使ってスピーチします」

●対象学年：高学年　●活動時間：15分　●準備物：可能であれば，ビデオカメラやデジタルカメラなどの録画機器　●関連教材：「今，私は，ぼくは」（光村6年）

つけたい力，スキル

・自分の考えや思いを伝えるために，資料を提示したりジェスチャーを交えたり，表現を工夫したスピーチをすることができる。

1 この活動のねらいと指導のポイント

　自分の考えや思いを伝えるために，表現を工夫したスピーチを行っていきます。資料や実物を提示する，ジェスチャーを交える，比喩や倒置法，呼びかけ，リフレイン等，自分が伝えたい内容に適した表現の工夫を行います。話し手は，自分のスピーチの工夫点を宣言してから話し始め，聞き手は，話し手が宣言した表現の工夫が効果的に生かされていたかに着目して聴きます。話し手がいくら工夫をしても，聞き手側に伝えたい内容がきちんと伝わっていなければ，それは効果的な工夫であったとはいえません。互いに相互評価することで，相手にきちんと伝わっていたかを確認していきます。ビデオ等で撮影できる場合は，自分の話し方を自分自身でも確認できるので，自己評価に生かすことができます。

　この活動を通して，話す力とともに聴く力（listen）と訊く力（ask）も高めていけるようにします。

2 評価のポイント

・自分の伝えたい内容に合わせた効果的な表現の工夫を行えたか，話し手のスピーチだけでなく，聞き手反応も含めて評価を行っていきます。

日常化のポイント

・聴く力や訊く力を意識した聞き取り系の活動やインタビュー系の活動と組み合わせ，日常的に話す力・聞く力を高められるようにします。
・読むことや書くことの学習と関連させ，日頃から表現技法についても興味関心をもてるようにしておきます。

92

3 | 活動の進め方

❶スピーチの内容，それに合った効果的な表現の工夫を考える（10分）

　まず，自分のスピーチ内容を考え，それに合った効果的な表現の工夫を考えます。実物の提示や資料の提示をする場合は，事前にスピーチ原稿を作成し，提示物を準備しておく必要があります。全員が同じ時間にスピーチ原稿を作成して活動を行う場合と，各自が自分のスピーチの順番に合わせて原稿を作成する場合とが考えられます。

【表現の工夫として考えられる例】

・比喩　・呼びかけ　・倒置法　・リフレイン　・擬態語や擬音語　・ジェスチャー

・構成の工夫（はじめ・中・終わり，頭括型，尾括型，双括型）

・資料や写真の提示，実物の提示（あらかじめ，どのようなものか確認しておき，児童と持参する際の注意事項などを共通理解しておく必要があります。）

---

❷自分のスピーチのテーマと表現の工夫を宣言する（30秒）

C　今から私の夢についてスピーチをします。<u>使う技は，呼びかけ，写真の提示，比喩です。</u>

❸スピーチをする（1分30秒）

C　皆さんは，<u>将来の夢について考えたことがありますか？</u>**（呼びかけ）**

　考えたことがある人？（聴衆に呼びかけて挙手を促している。）

　<u>ほとんどの人が考えたことがありますよね。</u>（あらかじめ考えているが，その場の**聴衆の反応を見てのアドリブを交えた発話**をしている。）

　実は私は5年生までは夢についてあまり考えたことはありませんでした。6年生になってから，将来の夢について真剣に考えるようになりました。

　<u>そのきっかけとなったのが，この写真です。</u>**（写真の提示）**

　　：

　（スピーチが続いていく）

❹聴衆からの感想，アドバイス等を聞いて活動を振り返る（3分）

　最後に，スピーチを聴いて，話し手の思いはよく伝わってきたか，スピーチの冒頭で宣言した技（表現の工夫）は今日のスピーチに効果的だったか等を感想やアドバイスとして話し手に伝えていきます。聞き手からの発言を受けて，まとめとして話し手が今日の活動を終えて感じたことを発言して終わります。撮影していた場合は，映像を見ながら振り返りができます。

Chpater2　指導編　話すこと・聞くことの技能が身につく活動アイデア44 ｜ 93

高学年	基本・スキル型	話し合い

38 ３人寄れば文殊の知恵

●対象学年：高学年 ●活動時間：5～30分 ●準備物：ストップウォッチ，ノートかワークシート ●関連教材：「学級討論会をしよう」，「未来がよりよくあるために」（光村6年）

つけたい力，スキル

・話題に沿って，自分の思いや考えに根拠や理由付けをして伝えることができる。

・友だちの発表を聞いて，質問をしたり感想を言ったりすることができる。

・話題に沿って会話をしたり，課題を解決するための話し合いをしたりすることができる。

1 この活動のねらいと指導のポイント

　高学年になり，より大人に近づいていくこの時期に，コミュニケーション能力を高めておくことは今後の人間関係をよりよくしていくためにはとても大切なことだと考えます。

　この活動は，学級全体の発表の場で挙手しにくい児童が発言しやすい場を確保できることが特徴です。また，少人数のグループ（3～4人）による話し合い活動なので，子どもたち1人1人の発言回数を多くしたいときにも有効です。まず，「3人寄れば文殊の知恵」のタイトル通り，3～4人組の小グループをつくり，鼎談形式の話し合い活動（3人で向かい合い，1つのテーマについて話し合う）を行います。話し合い活動におけるグループ編成はとても重要ですので，それまでの人間関係や個々の「話す力」「聞く力」をもとに編成します。（話し合いが全く進まないグループができないように，各グループに司会ができるような児童を配置することが望ましいです。）

　また，話し合い活動では，テーマ設定もとても重要です。初めて行うときは，子どもたちがこの活動を今後もやりたいと思えるように「最近はまっていること」や「すきな食べ物」「すきな遊び」など楽しいテーマを設定します。鼎談に慣れてくると，「今のクラスの課題」や「最近気になるニュース」「中学校（6年生）で頑張ろうと思っていること」など，学級会の前段階における話し合いや国語や総合の学習活動の中での話し合いとして取り入れることもできます。テーマについて発表させる際，個々の話の説得力を上げるために，根拠を示したり理由付けをしたりするよう指導します。A，B，Cの3人による鼎談の場合，話し合いの仕方として，大きく分けて2つあります。1つ目は，テーマについてAの発表後，BやCからの質問・意見・感想タイムを設け，Aの発表に対する時間が終わった後にBの発表に移るという方法です。2つ目は，テーマについてA→B→Cと1人ずつ順に発表していき，3人目Cの発表が終

わってから，質問・意見・感想タイムを行う方法です。子どもたちが聞き手としてあまり育っていない段階では，前者の方がおすすめです。話を1つずつ整理して聞くことができるからです。後者は，3人の話を聞き終わった段階から話し合いがスタートするので，子どもたちの「話す力」「聞く力」が育ってきてからやりたいものです。

2 | 評価のポイント

・話題に沿って，根拠・理由付けをして意見が言えているかをみるためには，ワークシートやノートに書かせてから話し合い活動をすると，評価することができます。また，クラスを前後半の半分に分け，前半グループが話し合っているのを後半グループが観察し，子どもたちに評価させる方法もあります。（後半グループが発表のときは前半グループが観察・評価。）
・振り返りでは，友だちの発表に対する質問・意見・感想タイムで自分が発言したことをワークシートやノートに書かせることで，話題に沿った話し合いができているかどうかや，課題を解決するための話し合いをしようとしているかを評価することができます。

3 | 活動の進め方

❶話題を決め，自分の発表について考える（1〜5分）

話題に対する自分の意見と根拠や理由について考えます。書かないと発表しづらい児童には，ノート等に書かせます。慣れるまで全員書かせてもよいでしょう。

❷3〜4人組をつくり，話し合い活動を行う（5〜10分）

活動❶の発表メモをもとに，1人ずつ発表していきます。全員が発表することが大切です。この後（活動❸）の全体で交流する際に代表で発表（報告）する1名も決めておきます。

❸全体で交流する（5〜10分）

※全体で共有しない場合，ここをカットして行うこともできます。

話題について，各グループで話し合った内容を代表者が簡単に報告していきます。報告に対する各グループからの質問・意見・感想タイムを入れると，時間はかかりますが，さらに話し合いは深まります。

❹振り返りを行う（5分）

※評価しない場合，ここをカットして行うこともできます。

ワークシートやノートに，話題に沿って話し合えたか等，個々で振り返ります。

Chpater2　指導編　話すこと・聞くことの技能が身につく活動アイデア44

| 高学年 | 応用・活用型 | 説明 |

39 シチュエーショントーク

●対象学年：高学年　●活動時間：40分（設定したシチュエーションによっては，時間短縮も可能）

つけたい力，スキル

・時や場所，状況に応じた話し方，伝え方ができる。
・目的や意図を考えながら話したり聞いたりすることができる。

1 この活動のねらいと指導のポイント

　与えられた状況や目的に応じた適切なやりとりを学びます。何かを伝えるときには，結果を先に伝えた方がよい場合，背景から丁寧に伝えた方がよい場合と，その時々の状況を判断してやりとりをしていく力が求められます。例えば，誰かがケガをしたような緊急事態では，「○○さんがケガをしているので助けて欲しい」という内容が優先事項であり，詳しい状況やなぜケガをしたのかという背景は後からでもかまいません。また，聞き手も相手の話し方から状況を推測し，適切に応答することが求められます。そのような時と場合に応じたやりとりができるようにシチュエーションを設定し，その設定に合った適切なやりとりの方法をロールプレイングの要領で学んでいく活動です。

　シチュエーションを設定するときには，できるだけ具体的な場面が想像できるような内容にします。児童の学校生活や日常生活で起こりえそうな場面を設定することで，より実践的なスキルを身につけることができます。

2 評価のポイント

・設定した状況を理解し，話したり聞いたりすることができているかを実際のやりとりを観察しながらみていきます。
・1回の活動で，全員のやりとりを観察できない場合もあるので，自己評価シートのようなものを作成し，適切なやりとりのポイントを振り返りとして書かせることも有効です。書くことが苦手な児童には，自己評価シートとともに教師が聞き取りを行うことで，学びを確認することも可能です。

3 | 活動の進め方

❶今日のシチュエーションを確かめる（3分）

シチュエーションを伝え，状況を想像できているか，児童の反応を確認しながら適宜補足説明を行います。

T　今日のシチュエーションは，「校外学習の班行動中に具合が悪くなった友だちがいます。近くに先生はいません。どのように対応しますか。」という設定です。

❷班ごとに，どのように対応するとよいか話し合う（5分）

シチュエーションによっては，班で話し合うのではなくペアや個人で考える場合もあります。

❸代表班によるやりとりとその観察を行う（5分）

適切なやりとりについての学習であることを確認し，話し方ややりとりの内容を注意して観察するようにさせます。

❹全員で，代表班のやりとりをもとに話し合う（12分）

まず，代表班の児童に気を付けたことや難しかったこと等の感想を聞いてから，観察者の児童の意見を聞きます。うまくできていたことや，もう少し改善した方がよいこと等を出し合い，設定されたシチュエーションで，大切だと思うことをクラスで共有します。

❺話し合いの内容をもとに，実際に班ごとにロールプレイングをする（5分）

実際にロールプレイングをしてみて，さらに追加するポイントがあれば皆で共有します。

❻振り返りをする（3分）

今日のやりとりのポイントと，活動をやってみての感想を書かせて活動の振り返りをします。

【シチュエーション例】

・ケガをして保健室に来たとき

・ケガをした人がいるので職員室の先生に知らせに来たとき

・ケンカやトラブルの原因を説明するとき

・オープンスクールの際に地域の人に教室の場所を聞かれたとき　など

どんな状況か，何のために伝えるのか，相手は誰か等できるだけ具体的な場面や状況を設定すると活動しやすくなります。

Chpater2　指導編　話すこと・聞くことの技能が身につく活動アイデア44

| 高学年 | 応用・活用型 | 説明 |

40 トークバトル！

●対象学年：高学年 ●活動時間：10分 ●準備物：タイマーやストップウォッチなど計時できるもの

つけたい力，スキル

・あるテーマや事柄に対して，複数の観点からエピソード（話）を展開することができる。
・多角的な視点で物事を捉え，より多くの情報を収集することができる。

1 この活動のねらいと指導のポイント

　与えられたテーマや事柄に対して，知っていることや自身の経験などのエピソードをできるだけたくさん展開し話すことができるようにする活動です。
　2人ペアで，1エピソードずつ交代で話していき，たくさんの話を展開することのできた方が勝ちになります。ゲーム感覚で競いながら，たくさんの観点で物事を捉えることができるようになります。班ごとや任意のチームごとに団体戦の形式で行うこともできます。
　自身の経験談だけでは複数の観点にならないため，日頃から，社会の出来事などにも関心をもつようになり情報を収集する力の育成にもつながります。
　1つのテーマや事柄に対して，多角的な視点で見ていく習慣を身につけ，ことばによるものの見方・考え方を鍛えていきます。

2 評価のポイント

・いくつのエピソードを話すことができたかにより，多角的な視点で物事を捉える力をみていきます。
・その場で即興的に活動を行う場合と，事前に情報収集する時間を設定する場合とでは，基準とするエピソード数を変えて評価します。（例　即興の場合は3つ話すことができた方が勝ち，3日間の情報収集期間があったので5つ話すことができた方が勝ち，など。）
・団体戦形式で行う場合は，話をする順番も作戦の1つとして評価対象にすることができます。（同じ観点の話は無効になるため。）

3 | 活動の進め方

2人で対戦する場合の進め方

❶お題を確認し，先攻後攻を決める（1分）

お題を提示して，ジャンケンやくじ引きなどで先攻後攻を決めます。

T　今日のお題は「遊園地」です。先攻後攻を決めて対戦を始めましょう。

❷対戦を始める（3〜5分）

1エピソードずつ交代で話していき，3つ話すことができた方の勝ちです。同じような内容になった場合は，無効になります。対戦のため，1つのエピソードはあまり長くならないように，3文程度を目安とします。話し始めるまでの時間制限を設けておき，時間内に話し始めることができなければ負けになります。

A児　幼稚園のときにコーヒーカップに乗ったとき…

B児　〇〇遊園地のジェットコースターの長さは…

A児　私が遊園地の新しい乗り物を考えるとしたら…

B児　日本で一番，遊園地の数が多い都道府県は…

隣同士で一斉に対戦したり，皆の前で代表2人が対戦したり，様々なやり方が考えられます。3人グループで1人を判定役にすることもできます。

❸活動の振り返りをする（3分）

活動をやってみた感想やエピソードを聞いての感想，いくつの観点が出てきたか等を交流します。観点については，どのような視点で物事を捉えていたのか，次回の活動で参考にできるように学級内で共有していきます。

団体戦形式の進め方

基本的には，2人で対戦する場合と同じ進め方です。

❶お題を確認し，先攻後攻を決める（1分）

❷対戦を始める（5〜10分）

勝ち抜き戦の要領で対戦していくため，話をする順番も重要になります。勝ち残っている場合でも，自分の判断で次の人と交代することが可能です。

❸活動の振り返りをする（3分）

Chpater2　指導編　話すこと・聞くことの技能が身につく活動アイデア44 | 99

[高学年]　[応用・活用型]　[討論]

41 パネルディスカッションに挑戦！

●対象学年：高学年　●活動時間：45分＋テーマについて考えたり調べたりする時間

つけたい力，スキル

- テーマについて，自分の考えとその根拠を伝えることができる。
- パネリスト，フロア，司会者，書記，それぞれの役割に分かれて，1つのテーマについて討論するというパネルディスカッションのやり方を理解する。

1 この活動のねらいと指導のポイント

　パネルディスカッションでは，1つのテーマに関して意見の異なるパネリストが自分の考えを発表し討論を行います。その後，フロアも討論に参加していきます。討論会やディベートとの違いは，肯定・否定どちらかに勝敗を決めたり，1つの結論に絞ったりはしないところです。そのテーマに関して，様々な視点から考えていくことが重要になります。

　また，司会者は進行とともに適宜意見の整理を行うことが求められます。後半はフロアからも討論に参加していくので，論点を明確にし，より充実したディスカッションになるようにします。書記と連携することで，意見の整理がしやすくなります。司会者の負担がやや大きくなるため，慣れるまでは教師の支援が必要です。

2 評価のポイント

- テーマについて，自分の考えとその根拠を伝えることができているか，ディスカッションにおける具体的な発話からみていきます。
- 時間の制限もあり，自分の考えをすべて発言できるとは限りません。事前にテーマについて調べたり，自分の考えをまとめたりした記録（ノート等）も評価の参考にします。

日常化のポイント

- 準備が大変そう，難しそうというイメージがあるかもしれませんが，一度やり方を理解すれば児童は興味をもって取り組める活動の1つです。読むことの学習と関連させて，多様な読解ができる課題についてパネルディスカッションをすることも可能です。

3 | 活動の進め方

（事前）テーマに関してまとめたり調べたりする

　パネルディスカッションの概要を伝え，テーマに関して自分の考えをまとめたり，調べたりする時間をあらかじめ設定しておきます。

❶パネルディスカッションの進め方を知り，場の設定をする（5分）

　まず，パネルディスカッションの進め方を説明し，教室の前方にパネリストと司会者，書記の座席を設定します。机にパネリスト・司会・書記という貼紙をしたりするとより雰囲気も高まり，活動を楽しむことができます。パネリスト，司会，書記の人数は学級の実態や総人数によって調整します。下記は，場の設定イメージです。

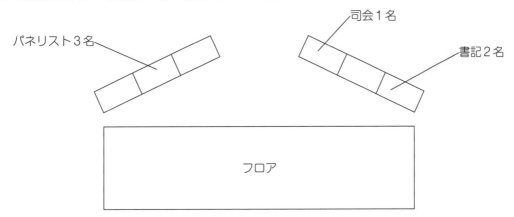

❷パネルディスカッションをする（30分）

　パネルディスカッションの基本的な進め方は，次のようになります。

> ①司会者がテーマを伝え，進行について説明する。
> ②パネリストが順に意見を発表する。
> ③パネリスト同士で討論を行う。（質問や反論も含む）
> ④全体で討論を行う。（フロアも参加）
> ⑤各パネリストによるまとめと，司会者による全体のまとめを行う。

> 司会者は，進行をしながら，③と④では意見や論点の整理を行います。

❸活動の振り返りをする（5分）

　パネルディスカッションをやってみての感想や，今日のテーマに関する自分の考えの変容などを交流し合います。

| 高学年 | 応用・活用型 | 討論 |

42 学級討論会をしよう

●対象学年：高学年　●活動時間：30〜45分　●準備物：名前磁石（できれば裏表のあるもの），タイマーかストップウォッチ，書記の児童の記録用ノート，司会進行用マニュアル

つけたい力，スキル

・自分の立場（肯定・否定・中立）を明確にし，説得力を上げるために資料を根拠にしたり，実体験をもとに理由付けをしたりして意見を述べることができる。

・話し手は事実と感想，意見を区別して話し，聞き手はそれらを聞き分けて自分の考えと比較し，さらに考えを深めることができる。

1 この活動のねらいと指導のポイント

　全員が自分の立場を明確にすることで，話し合い活動に進んで参加しようとする意欲を高めるとともに，司会の進行に沿った討論会の仕方を学びます。教師が事前に呼びかけ，子どもたちの興味のある議題を設定することで，自分の考えを話したり友だちの考えを聞いたりすることに楽しみを感じられるようにします。「討論会が楽しかった。」という体験をすることで子どもたちは「また討論会をしたい。」「次は〇〇のテーマでやりたい。」と言うようになります。

　本活動では，聴衆ではなく「中立」としていますが，中立の児童は討論を聞いて最後に「△さんの意見の〜の部分に共感できたので，肯定に意見が変わりました。」や「肯定・否定のどちらも納得できたので，私は中立のままです。」のように全員が意見します。

　基本は学級全体で行いますが，発言者を増やすために，2つに分けて行うこともできます。

2 評価のポイント

・意欲的に自分の意見を発言することができていたか，友だちの意見を聞くときには相手を見て，うなずく等の反応をしながら聞くことができていたかをみます。

・振り返りでは，討論会をした結果，深まった自分の考えや最初と変わった自分の考えについて書かせることで，友だちの意見を聞いて思考できていたかどうかが評価できます。

・三役（司会・書記・計時）は，協力しながら進行ができていたかをみます。また，最後に三役にも発言する機会を与えることで，彼らの評価もできます。

3 | 活動の進め方

（事前）議題を知る・議題によっては調べ学習をする

　全員が理由付けをして自分の立場を明確にできるように，ノートに考えを書かせます。討論についていけない児童への支援として，教師は名前磁石を活用し，児童の意見を板書します。

　（テーマ例）「動物園にいる動物は幸せか」「キャンプに行くなら海より山がよい」

　　　　　　「スポーツをするなら，個人競技より団体競技の方がよい」　など

❶三役の紹介と議題の確認（1分）

　司会・書記，計時の○○です。今日の議題は「　　」です。（三役には進行マニュアルを）

❷はじめの主張（各1分）〔肯定グループ→否定グループの順〕

　それぞれが根拠（資料の提示）や理由をつけて発表します。（時間内であれば2～3人目も可。）

❸作戦タイム①（3分）

　相手の主張を聞いて，「誰が」「どんな」質問や反論をするのか，肯定・否定の各グループで相談させます。中立の児童は席を立ち，話し合いの内容を聞きに行ってもよいことにします。

❹質問・反論と応答（各3分）〔否定グループ→肯定グループの順〕

　それぞれのはじめの主張に対する質問や反論をする時間を取ります。その場で返答できない内容については，次の作戦タイムで相談してから返答してもよいことにします。

❺作戦タイム②（2分）

　最後の主張で，「誰が」「どんな」主張をするのか相談させます。❹で答えられなかった質問についても相談させます。中立の児童は，話し合いの内容を聞きに行ってもよいことにします。

❻最後の主張（各1分）〔肯定グループ→否定グループの順〕

　作戦タイム②で相談した内容を踏まえ，最後の主張をそれぞれが行います。

❼討論会のまとめ（5分）

　中立の児童が討論会の双方の意見を踏まえて1人ずつ順に意見を言います。次に肯定，否定グループの中で何人かに討論会の感想を言ってもらいます。最後に，三役の3人が自分の立場と意見・感想を言い，討論会のまとめをします。教師は最後に討論会の改善点等を伝えます。

Chpater2　指導編　話すこと・聞くことの技能が身につく活動アイデア44　│　103

| 高学年 | 応用・活用型 | プレゼンテーション |

43 ビブリオバトル
―書評に挑戦―

●対象学年：高学年　●活動時間：45分＋本を選定し原稿を考える時間　●準備物：投票用紙，タイマーなど計時できるもの，自己評価や相互評価を記入するノートやワークシート

つけたい力，スキル

・制限時間内に，自分がおすすめする本のよさが伝わるようにプレゼンテーションすることができる。

・活動を通して，よりよいプレゼンテーションの仕方について考えることができる。

1 この活動のねらいと指導のポイント

　この活動では，読書生活と連動させて自分が面白いと感じた本を皆に紹介することを通して，プレゼンテーションの技能を養っていくことをねらいます。制限時間を有効に活用し，皆が「読みたい」と感じるように工夫して紹介していきます。聞き手に読みたいと思わせるためには，本のよさが伝わるようにできる限り具体的に紹介していく必要があります。しかし，あらすじをすべて話してしまうと読みたいという気持ちを損なってしまいます。ビブリオバトルを通して，よりよいプレゼンテーションの方法を学ぶことを念頭にした活動のため，一般的に行われているビブリオバトルのやり方に加えて，プレゼンテーションの方法について考える時間を設定しています。

　学期中に全員が１回は発表できる機会を設定したり，グループごとに予選を行い学級全体でグランドチャンピオン大会を開催したりすることで活動を定期的に行い，児童の発表の場を確保することができます。

2 評価のポイント

・自分が面白いと感じた本，おすすめの本について制限時間内に，聞き手を惹きつけるようなプレゼンテーションができていたかをみていきます。

・教師の評価だけでなく，表情や間のとり方，視線，本の提示の仕方等の具体的な評価観点を示し，自己評価，相互評価も活用しながらよりよいプレゼンテーションの仕方について学んでいきます。

3 | 活動の進め方

(事前) プレゼンテーションの原稿を作成する

図書の時間等を活用して，各自が自分の紹介したい本を選定しプレゼンテーションの原稿を作成しておきます。

❶ビブリオバトルのやり方と活動の流れを確認する（1分）

T　今日はビブリオバトルをします。発表者は制限時間3分で自分が面白いと感じた本，おすすめの本を紹介していきます。発表が終わったら2分間のミニ・ディスカッションタイムをとります。すべての発表が終わったら，自分が一番読みたいと思った本に投票をします。最後に，チャンピオンのプレゼンテーションについて皆で交流していきます。

❷ビブリオバトルを行う（30分）

その日の発表人数により，活動時間は異なります。また，本活動では1人あたりのプレゼンテーションの時間を3分にしていますが，制限時間を5分にした方がより詳しく本の内容に触れながら発表することが可能になります。学級の実態に合わせてアレンジします。

> 発表者が3分間のプレゼンテーションをする（3分）
> 発表についての質問などミニ・ディスカッションを行う（2分）

　　5分×6人

❸投票を行い，チャンプ本を決定する（4分）

プレゼンテーションを聴いて，6冊の中で自分が一番読みたいと思った本に投票していきます。1人1票です。票数を集計し，チャンプ本を決定します。

❹プレゼンテーションについて交流する（8分）

投票でチャンプ本に選ばれたチャンピオンのプレゼンテーションを中心によかったところ，惹きつけられた理由等を交流し合い，よりよいプレゼンテーションの仕方について学びます。よかった点を皆で共有し合い，6年○組版プレゼンテーション虎の巻を作成します。

❺自己評価，相互評価を記入する（2分）

次の活動に生かせるように，プレゼンテーションのポイントをまとめたり，発表を終えての自己評価を記入したりします。（ノートやワークシート）

[高学年]　[応用・活用型]　[話し合い・メタ認知]

44 みんなの意見を整理しよう！

●対象学年：高学年　●活動時間：30～45分

つけたい力，スキル

・グループや学級の話し合いで出た意見を整理したり，関連付けたりすることができる。
・情報と情報との関係を考え，理由の妥当性を考えたり，情報を吟味したりしながら情報を整理することができる。

1 この活動のねらいと指導のポイント

　この活動では，中学年対象の「分け分けしてから比べよう！」の活動で学んだ分類や比較といった論理的思考を働かせ，さらに理由の妥当性を考えたり吟味したりすることで情報を整理する方法を学んでいきます。高学年になると，1人1人が主体的に話し合いに参加できるようになる反面，互いに意見を出し合う過程で意見が対立してしまったり，決定事項について納得しきれないまま話し合いが終わってしまったりといった場面を経験することも増えます。そのような課題を解決するためには，互いの発言の意図を汲み取ることが必要になります。「なぜ，この人はこのようなことを言うのだろうか」，発言の内容とその意図をしっかりと聴きとれるように，聴き方にも意識を向けながら活動を行ってきます。話し合いの思考過程を視覚化し，整理していくことで，互いの発言の意図も明確になり合意形成を図ることができます。中学年の活動と同様に，この活動を通して話し合いでの書記の役割についても学ぶことができます。意見をどのように整理していくのか，どのように記録していけば思考過程を可視化することができるのか思考ツール等も活用しながら学んでいきます。

2 評価のポイント

・発言の意図を考えながら聴き取ることができていたか，理由の妥当性を考えたり吟味したりしながら出し合った意見やアイデアを整理することができていたか等，話し合いでの具体的な発言を中心にみていきます。

3｜活動の進め方

❶今までに行った自分たちの話し合いを振り返る（5分）

まず，今までに行った自分たちの話し合いを振り返り，たくさんの意見をうまく整理できなかった経験や意見が対立して話し合いがうまくまとまらなかった経験，書記の仕方がわからなかった経験等を出し合います。

❷意見を整理するための方法について考える（15分）

次に，❶で出し合った課題を解決するための方法を考え，話し合います。

> ・発言の意図を明確にするためには，意見と理由とを聞き分け，理由の妥当性を考える。
> ・意見が対立したときには，それぞれの長所と短所を出し合って比較してみる。
> ・気になるところをそのままにせず，みんなが納得し合えるように吟味する。
> ・話し合いの流れがわかるように，書記をするときには矢印を活用したり，思考ツールを活用したりするとよい。　　　　　　　　　　　　　　　　　　　　　　　　　　　　　など

活用できそうな思考ツール例

・ベン図（二つのものを比較するとき）

・座標軸（比較するときに，その程度もわかる）

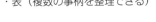

・表（複数の事柄を整理できる）

・Xチャート，Yチャート（区切られた領域ごとに違う視点を割り当てることで，多面的に捉えることができる）

・ウェビング（考えを広げていくとき）

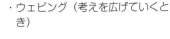
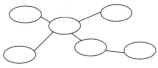

❸❷で学んだことを活用して，話し合いをする（15～20分）

学んだことを生かして，グループや学級で話し合いを行います。必要に応じて，代表児童の話し合いとその観察という方法を取り入れて，互いに相互評価し合うこともできます。

〈参考文献〉
田村学・黒上晴夫（2013）『教育技術MOOK　考えるってこういうことか！「思考ツール」の授業』小学館

Chapter3

実践編

話すこと・聞くことの
技能が身につく活動を
位置付けた単元展開例

ともだちにきいたことを，みんなにしょうかいしよう

1年

●教材：「ともだちに，きいてみよう」（光村1年）

Chapter2の活動アイデアとの関連

「あいづちインタビュー」（低学年・44～45ページ）

「ぐいぐいインタビュー」（中学年・62～63ページ）

「きりかえしインタビュー」（高学年・86～87ページ）

1 この授業で身につけたい力

・伝えたい事柄や相手に応じて声の大きさや速さを工夫して話したり，集中して話を聞いたりすることができる。
（知識及び技能）

・相手に伝わるように，行動したことや経験したことに基づいて，話す事柄の順序を考えながら話したり，大事なことを落とさずに聞いたりすることができる。
（思考力，判断力，表現力等）

・紹介するために必要なことを進んで尋ねたり，それに答えたりしようとしている。
（学びに向かう力，人間性等）

2 授業づくりのポイント

　子どもたちは，本単元で初めて，2人組でインタビューをし合う学習をします。インタビュー活動を通して，「話し手・聞き手」双方の興味・感心に応じた大事なことを落とさないように聞くことを中心に指導します。本単元の学習によって，友だちに自分のことを話す楽しさや友だちのことについて聞く楽しさを児童が実感し，今後の友だちとの関わりや「話すこと・聞くこと」の学習意欲につながると考えます。導入では，インタビュー活動との出合いとして，事前に撮影した教師同士のインタビュー映像を見せました。身近な教師が行うインタビュー映像を見せることで，教科書の音声CDよりも児童の興味や関心を高めることができ，インタビューの際の「聞き手・話し手」の表情や反応などもともに確認することができました。また，インタビューの質問のコツ（5W1H等）を教師側から提示するのではなく，まず何もコツを知らない段階で2人組でインタビューをしました。そして，なかなか相手の話を聞き出せない

経験をさせ，困り感をもたせ，どんな質問をすれば聞き出せるのかについてみんなで話し合いました。そして，みんなで見つけた質問のコツを使って再びインタビューし，コツを使うよさを実感させていきました。みんなでコツを見つけ，インタビュー練習をするという活動を繰り返していく中で，自分たちのインタビューが上達していることを実感でき，また能動的にインタビューに臨むことができると考えます。児童がインタビューの質問のコツを学ぶとともに，友だちとコミュニケーションをとることの楽しさを知ることができる単元です。

3 学習指導計画（全8時間）

第1次　友だちにインタビューしたことを，みんなに紹介するイメージをもとう　（1時間）
第2次　質問のコツを見つけ，インタビューしよう　　　　　　　　　　　　　（4時間）
第3次　友だちにインタビューしたことをみんなに紹介しよう　　　　　　　　（3時間）

4 学習指導案（第2次第1時）

時間	学習活動	指導上の留意点，評価の観点
5分	1．前時を振り返り，ペアでインタビューの練習をする。	・ペアに「すきなたべもの」についてインタビューし，質問がうまく続かなかったペアに感想を言わせ，問題意識をもたせる。
	インタビューの質問のコツを見つけ，練習しよう	
	2．みんなで担任にインタビューをしながら，質問のコツを見つけていく。 3．質問のコツを使ってペアで2回目のインタビュー練習をする。 4．今日の学習を振り返る。	・インタビューのコツになる観点の5W1H等と質問によってわかった内容を板書にまとめ，たくさんの内容を質問することによって聞き出すことができることを実感させる。 ・みんなで共有した質問のコツを使って，1回目より多くの質問をすることを目標にさせる。 ・質問のコツを知り，今後の自分のインタビューに生かしていきたいことをワークシートに書かせる。

Chpater3　実践編　話すこと・聞くことの技能が身につく活動を位置付けた単元展開例　｜　111

5 授業展開例

❶前時を振り返り，ペアでインタビューの練習をする（15分）

前時を振り返り，インタビューの目的について確認します。

T 昨日から，新しい勉強が始まりましたね。何をする勉強でしたか。

C 友だちにインタビューする勉強です。

T 何のためにインタビューするんでしたか？

C 友だちをもっと知るためです。

C 友だちのことをいっぱい知って，その友だちのことをみんなに教えるためです。

T では，今日は，本番のインタビューに向けて，まず，インタビューの練習をしてみたいと思います。前に行った「友だちに聞いてみたいことアンケート」にたくさんの人が書いていた「好きな食べ物」について，ペアの人にインタビューしてみましょう。

インタビュー1回目

> ※KさんとⅠさんペアのインタビュー
>
> Ⅰ 好きな食べ物は何ですか。
>
> K ポテトです。
>
> Ⅰ どうして好きなんですか。
>
> K おいしいからです。
>
> （この後，質問をすることが思い浮かばず，黙ってしまいました。）

T インタビューをしてどんなことを思いましたか。

C 友だちがわかってくれてうれしかったです。

C 緊張しました。

T 何か困ったことはありませんでしたか。

C 質問が思いつきませんでした。

C 質問が難しいです。

T インタビューが止まってしまった人，手を挙げましょう。

C （たくさんの児童が手を挙げる。）

T 昨日観た先生たちのインタビューは止まっていましたか。

C 止まっていません。

T そうですね。では，止まらないインタビューをめざして，今日のめあては，「インタビューのしつもんのコツをみつけ，れんしゅうしよう」にしましょう。

❷みんなで，担任にインタビューしながら，質問のコツを見つけていく（10分）

T　今度は，みんなで先生にインタビューしてみましょう。
　　質問のコツが見つけられるといいですね。では，みんなで質問しましょう。

教師へのインタビュー

C　好きな食べ物は何ですか。
T　お好み焼きです。
C　どうして，お好み焼きが好きなんですか。
T　いろんな具が乗せられるからです。
C　だれが，作っているんですか。
T　私が作ったり，お店の人が作ってくれたりします。
C　何の具が好きですか。
T　イカやタコやチーズです。
C　いつ，作っているんですか。
T　休みの日の夜です。
C　何人で食べるんですか。
T　4人で食べます。
C　どこで食べますか。
T　家や駅の近くのお店で食べます。
C　何枚（いくつ）食べるんですか。
T　4枚ぐらい食べます。
　　児童がした質問と教師の答えを板書し，たくさんの内容が聞き出せたことを確認しま
　　した。
T　1回目のインタビューのときに，こんなにたくさん質問できましたか。
C　できませんでした。
T　（板書を指しながら），これらの言葉（いつ・どこで・だれが・いくつ・何を・なぜ
　　等）を使うと，たくさん聞けますね。これらの言葉を質問のコツと呼びましょうか。
C　はい。

❸質問のコツを使って，ペアで2回目のインタビュー練習をする（10分）

T　では，今から，みんなが見つけた質問のコツを使って，2回目のインタビューの練習をし
　　ましょう。2回目のインタビューは，1回目よりどのようにしたいですか。

Chpater3　実践編　話すこと・聞くことの技能が身につく活動を位置付けた単元展開例　113

C　1回目より，質問を増やしたいです。

T　では，始めましょう。

　インタビュー2回目

※Kさんと I さんのインタビュー

I　好きな食べ物は何ですか。

K　ラーメンです。

I　どうして好きなんですか。

K　おいしいからです。

I　いつ食べますか。

K　土曜日や日曜日に食べます。

I　だれと食べますか。

K　家族と食べます。

（質問のコツを使い，1回目より質問の数が増え，2人が話す声も大きくなりました。）

T　1回目のインタビューと比べてどうでしたか。

C　1回目より多く質問ができました。

C　質問のコツを使って，1回目よりもたくさん質問ができました。

T　1回目よりたくさん質問ができた人は手を挙げましょう。

　　（たくさん手が挙がるが，挙げていない児童もいる。）

T　すごいですね。質問が増えた人が多いですね。でも，1回目より質問が増えなかった人も
　いますね。その人たちは，また練習していったらいいですよ。さらに上達できるようにこれ
　からもインタビューの練習をしていきましょう。

❹今日の学習を振り返る（10分）

T　今日は，インタビューの質問のコツをみんなで見つけることができましたね。今日の勉強
　でわかったことや思ったことをワークシートに書きましょう。

　　（児童の振り返りより）

C　・インタビューをして，友だちの好きな食べ物がよくわかりました。

　　・コツを使ったら，質問がちょっと簡単にできました。

　　・インタビューのコツがつかめました。1回目より2回目の方が，質問が多くできてうれ
　　　しかったです。

　　・これから，もっと質問を増やしたいです。

[板書例]

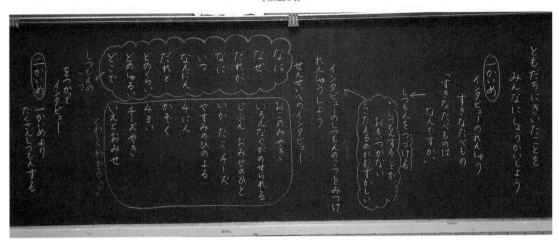

6 評価について

【知識・技能】
・インタビューする際，ペアに聞こえやすい声の大きさやわかりやすい速さで話している。〔A〕
・友だちの話の内容を理解しようと集中して聞いている。〔A〕

　質問のコツをつかみ，インタビューの練習を重ねる中で次第に声も大きくなり，お互いの話をしっかり聞こうとする姿が見られるようになっていきました。練習の機会を多く設けることでインタビューの内容の伸びも見られますが，技能面の成長も伴っていくのだと感じました。

【思考・判断・表現】
・相手に伝わるように，質問のコツを使って質問をしている。〔A〕
・友だちが話した質問や答えの大事なことを落とさずに聞いている。〔A〕

　インタビューをした後に，質問のコツの中でいくつ使えたか具体的に確認することで，児童は，自分の伸びや課題を実感することができました。大事なことを落とさずに聞けたかは，インタビューで聞いた内容をメモしたワークシートを見ることで確認していきました。

【主体的に学習に取り組む態度】
(児童の振り返りより)
・質問のコツを使ってインタビューをしたら，友だちのことがよくわかりました。〔A〕
・これからも質問のコツを，もっと見つけていきたいです。〔A〕
・今日，勉強した質問のコツを使って，もっとたくさん友だちに質問したいです。〔A〕

3年

2 つたえよう！ぼく・わたしのチーム3年3組

●教材：「つたえよう，楽しい学校生活」（光村3年）

Chapter2の活動アイデアとの関連

「おなじかな？ちがうかな？」（低学年・56〜57ページ）
「みんなの意見を整理しよう」（高学年・106〜107ページ）

1 この授業で身につけたい力

・相手を見て話したり聞いたりするとともに，言葉の抑揚や強弱，間の取り方などに注意して話すことができる。　　　　　　　　　　　　　　　　　　　　　　　（知識及び技能）
・目的や進め方を確認し，司会などの役割を果たしながら話し合い，互いの意見の相違点や共通点に着目して考えをまとめることができる。　　　　　　　（思考力，判断力，表現力等）
・言葉がもつよさに気づくとともに友だちの意見を大切にし，思いや考えを伝え合おうとする。
　　　　　　　　　　　　　　　　　　　　　　　　　　　　　　（学びに向かう力，人間性等）

2 授業づくりのポイント

　本単元では，初めて司会の役割について学んだり，進行に沿った話し合いへの参加の仕方を学んだりします。聞き手として話し合いに参加する児童はただ聞くのではなく，自分の意見との相違点や共通点について，考えながら聞くことを学習します。本単元で，児童が「発表することって楽しいな。」「友だちの話を聞くのもおもしろいな。」と「話すこと・聞くこと」の魅力を感じることで，今後の発表意欲が高まると考えます。そのためには，話すことに苦手意識のある児童が，思わず話したいと感じるような話題と場の設定が大切です。教科書では学校生活をテーマに掲げていますが，本実践では「学級のいいところ」と設定することで児童は自分のこととして捉えやすく，話しやすくなると考えました。また，学級のいいところを改めて考えることで，児童が学級のよさに気づき，支持的風土が高まっていくことが期待できます。音声CDの手本を聞くことを通して，児童は司会の役割と進行に沿って話し合うことの大切さを確認します。さらに，今までの自分の話し方と比較させることで，よりよい伝え方について考えさせる機会ともなります。手本のよいところを取り入れ，実際に司会を立てて話し合い活動を

行うことで，よりよい進め方を学び，司会の進行に沿った話し合い方を今後も実践していこう
とする姿が期待できる単元です。

3 | 学習指導計画（全12時間）

第1次　チーム3年3組のいいところを考えよう　　　　　　　　　　　　　　　（2時間）
第2次　進行を考えながらお家の人に伝える内容を話し合おう　　　　　　　　　（7時間）
第3次　つたえよう！　ぼく・わたしのチーム3の3（オープンスクールで発表）（3時間）

4 | 学習指導案（第2次第5時）

時間	学習活動	指導上の留意点，評価の観点
10分	1．前時の学習を振り返る。	・掲示物を用い，簡単に復習する。
	友だちの意見と比べながら，お家の人に伝える内容について話し合おう！	
25分	2．めあてと本時の活動を確認し，グループごとに話し合い活動を行う。（6グループ） 　・A）No.1めざすクラス 　・B）ありがとうがいっぱい 　・C）あきらめない 　・D）誕生日プレゼント 　・E）あいさつをよくする 　・F）話をよく聞く	・司会者が落ち着いて進行できるよう，司会者カード（進行マニュアル）を用意する。 ・相違点や共通点を意識してグループの友だちの意見を聞くように助言する。 ・ウェビングマップ（次ページ参照）をもとに発表させる。また，友だちの発表を聞いて相違点や共通点を考えさせ，立場を明確にして発表する話し合い活動とする。
5分	3．話し合い活動を振り返る。 　・司会者）意見をまとめることができたか。 　・参加者）相違点や共通点に気づけたか。	・司会者，参加者のどちらも内容の観点で振り返らせる。 ・授業のはじめに選んだ自分のめあても想起させ，振り返りをさせる。
5分	4．グループの友だちと振り返りを共有する。	・話し合うことで，自分になかった考えに気づけたか，振り返りを共有させる。

Chpater3　実践編　話すこと・聞くことの技能が身につく活動を位置付けた単元展開例　117

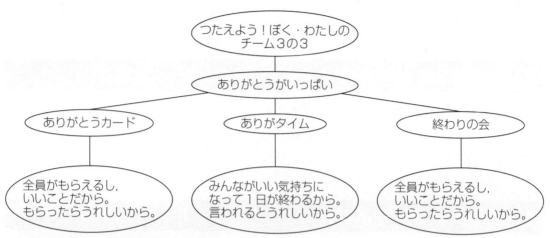

　児童が発表する際に原稿を全文読むことから脱却するために，このような思考ツールを活用し，話し合い活動にのぞませました。

5 授業展開例

❶前時の学習を振り返り，本時のめあて・内容を確認する（10分）

　児童全員が安心して本時の学習活動に入れるように，前時の振り返りをし，話し合いのポイントを（参加者・司会者を別々に）確認します。

T　<u>まず，前の時間の学習を思い出してみましょう。話し合いのポイントには何がありましたか。「参加者」のポイントから言いましょう。</u>

C　司会に指名されてから発表します。

C　「意見」→「理由」の順に発表します。

C　友だちの意見と「同じところ」「似ているところ」「違うところ」をはっきりさせて，自分の意見を言います。

C　自分の意見は「賛成」「反対」「付け足し」をはっきりさせて言います。

T　<u>「司会者」のポイントは何でしたか。</u>

C　「テーマ」と「話し合いの手順」を確かめます。

C　「時間」の約束を確認します。

C　発言する人を「指名」したり「順番」を決めたりします。

C　みんなの意見を「整理」したり「まとめ」たりします。

T　<u>これらのことを頭に入れて，今日の話し合いにのぞみましょう。</u>
　<u>今日のめあては，（掲示）「友達の意見と比べながら，お家の人に伝える内容について話し合おう」です。みんなで読みましょう。</u>

❷話し合い活動を行う（25分）

目的意識をより明確にするため，ワークシートを配付し，個人のめあてをもたせます。

〈ワークシートの個人のめあて（参加者用）〉

★上手に話し合うために，今日自分が気を付けたいことに○をつけましょう。

　※２つまで，○をつけてもよいです。

　ア　指名されてから話す。

　イ　自分の考えを先に言い，次に考えた理由を言う。

　　（どうしてかと言うと，──だからです。　理由は──です。）

　ウ　友だちの意見と同じところ，にているところ，ちがうところをはっきりさせて意見
　　を言う。（さんせい・反対・つけ足し　など）

　エ　司会の人に協力する。（司会の人や友だちの話をよく聞く。司会の人を助ける。）

T　それでは，友だちの意見と同じところや似ているところ，違うところを考えながら話し合
　いましょう。（話し合い活動をスタートする。）

「No.1 をめざすクラス」グループ（5人グループ　1人司会者）

司　今から「No.1 グループ」の話し合いを始めます。

A　僕は，運動会の全校練習で「集合が1位だったこと」を伝えたいです。みんなで協力して，
　用意や集合が早くできたからです。

B　私は授業前に「全員着席できていること」です。今では当たり前にできているからです。

C　僕は「宿題忘れなしが続いていること」です。「クラスの星」がたまるからです。

D　私は「クラスの星」がたくさんたまっていることです。星が増えるたびに，教室の星を見
　たらうれしい気持ちになるからこのクラスの自慢になると思います。

司　みなさんの意見はどれも協力が必要ですね。最後に僕の意見ですが，僕は「音楽の忘れ物
　なしが3・4年生で1番多いこと」です。

D　全員の意見の5つをすべて発表したらどうですか。

A　僕は反対です。なぜなら，「全員着席」することは，他のクラスもやっているからです。

B　私もAさんと同じで反対です。でも，理由は違って，3年生だから時間を守るのは当たり
　前だと思うからです。

全　そっかぁ。賛成です。

司　お家の人に発表する時間は4分間です。どうしますか。

B　時間が余りそうなので，もう1〜2個増やした方がいいと思います。

司　みなさん，どう思いますか。

全　賛成です。

司　では，意見のある人は言ってください。

D　私は，「給食完食が続いていること」がいいです。毎日できているからです。

C　賛成です。Dさんと同じで，ずっと続いているのはすごいことだと思います。

司　Aさんの「全校で集合が1位になったこと」はどうですか。

B　全校で1位はとてもすごいことだから，入れてもいいのではないですか。

A　僕もBさんに似ていて，学年で1位でもすごいから，全校1位は入れたいです。

全　賛成です。

司　もしも発表が4分より短かったときのためのことも決めませんか。

A　もし4分を超えてしまったときのために，消すものも一応決めた方がよくないですか。

D　それなら，お家の人に伝えたい順番を決めればいいじゃないですか。

全　なるほど！

司　では，お家の人に伝える順番を決めましょう。

C　1番に言うのは，やっぱり全校1位の集合がいいのではないでしょうか。…（後略）

> **話し合い活動の成果と課題**

○目的（オープンスクールでクラス自慢をすること）が明確であり，話し合う必然性を子どもたちにもたせることができました。発表会のことを意識した発言もありました。

△グループにより，発言者の偏りがあり，グループ編成の難しさを感じました。

❸振り返りをする（5分）

「参加者」「司会者」それぞれの立場で配付しているワークシートに沿ってふり返りをさせる。

①「話し合いで友だちの発表を聞いて，同じ意見や似ている意見，違う意見に気づき，そのことをはっきりさせて言うことができましたか。理由も書きましょう。」

②ア～エの自分のめあてを思い出し，うまくいったこと（◎）と，うまくいかなかったこと（△）を書きましょう。（前の話し合いと比べてもいいですよ。）

❹振り返りをグループで共有する（5分）

①司　今から話し合いの振り返りをします。

　　D　私はめあてのことができました。理由もつけて言えました。

　　C　僕もできました。「○○さんと同じで～」とか「賛成です」と言えました。

　　B　私もできました。「○○さんと同じで～」と言えました。

　　A　僕は反対意見が言えたので，できました。みんなのいろんな考えや理由を聞けました。

②個々で気をつけたいことについての振り返り（別グループ）

・理由を言うのを忘れていて，司会の人に言われてから理由を言いました。

・司会の人が止まっていたときに，アドバイスができました。

6 | 評価について

【知識・技能】

　ワークシートで自分の振り返りをさせると，個人差が出てしまいます。そこで，話し合いをするグループと参観者グループに分け，参観者の人たちに話し合っている人たちの評価をさせる方法があります。また，ボイスレコーダーを使う方法や，研究授業で各グループに１人ずつ教師についてもらう方法もあります。

〔A〕ウェビングマップ（ノート）をほとんど見ないで聞き手の方を見て，聞きやすい声で言葉の強弱等を意識して話すことができる。（話し手）

　　　話し手の方を見て，うなずくなど反応しながら話を聞き，自分の考えと比べることができる。（聞き手）

〔B〕〔A〕と〔C〕の間の児童。

〔C〕下書きメモ（ウェビングマップ）を終始見て，ノートを読むだけになっている。聞き手の方を見る余裕がなく，聞き取りにくい声で発表している。（話し手）

　　　話し手の方を見て話を聞けない。話を聞いてうなずくなどの反応ができない。自分の考えと比べて聞くことができない。（聞き手）

【思考・判断・表現】

〔参加者〕

　「僕は反対です。なぜなら，～。」「賛成です。○○さんと同じで～と思うからです。」〔A〕

〔司会者〕

　・みんなの意見をまとめる発言「みなさんの意見はどれも協力が必要ですね。」〔A〕

　・話し合い流れに合わせ，さらに話を進める発言「もしも発表が４分より短かったときのためのことも決めませんか。」〔A〕

【主体的に学習に取り組む態度】

（児童の振り返りワークシートより）

・「○○さんと同じで～」や「○○さんと似ていて～」という言い方ができました。〔A〕

・友だちの意見を聞いて，自分と同じ意見でも理由が違っていておもしろかった。〔A〕

・グループの友だちの意見を聞くのが楽しかった。〔A〕

Chpater3　実践編　話すこと・聞くことの技能が身につく活動を位置付けた単元展開例 | 121

5年

3 引き出そう！友だちのみ力

●教材：「きいて，きいて，きいてみよう」（光村5年）

Chapter2 の活動アイデアとの関連

「ほめほめインタビュー」（全学年・20〜21ページ）
「きりかえしインタビュー」（高学年・86〜87ページ）

1 この授業で身につけたい力

・話の要点を聞き取り，メモを取ることができる。
（知識及び技能）
・相手の話の要点を捉えて聞き，相手の言葉から話を広げたり深めたりすることができる。
（思考力，判断力，表現力等）
・相手の新たな一面を引き出すために，進んでインタビューをすることができる。
（学びに向かう力，人間性等）

2 授業づくりのポイント

　本単元では，「話し手」「聞き手」「記録者」「観察者」の4つの役割をもとに，4人1組のグループになって，友だちの新しい一面を引き出すことを目的としたインタビューを行います。その中でも，聞き手としての「訊く（尋ねる）力」を育てることに重点をおいて学習します。よりよい聞き手を育てることで，話の中心を捉えながらつなげて話すことができ，話し手が話しやすい雰囲気をつくり出すことができます。そのために必要となる「相手の話を聴く力」については，授業の中で補足事項として指導していきます。このような経験を積むことで，相手のことを思いやる態度や「話すこと」「聞くこと」のよさについて気づかせたいと考えます。また，本単元では，聞き手のインタビューについて観察する立場として，新たに「観察者」を設定しました。観察者には，聞き手の「引き出し言葉」「あったか言葉」に着目させることで，話し手の話を引き出すためにどのような言葉を用いたかを記録させ，毎時間振り返ることで学級の言葉づくりに生かしていきました。本実践では，「訊く力」に焦点化した指導を行いましたが，児童には友だちと話すことや聞くことのよさ，楽しさについて気づかせるとともに，相手を思いやる態度へとつなげていくことが期待できます。そして，様々な立場での「聞く力」

を育てることで，児童がたくさんの人との出会いを大切にし，よりよい人間関係を築いていくために必要なスキルを身につけることが期待できる単元です。

[「引き出し言葉」と「あったか言葉」の分類]

〈引き出し言葉〉

	言葉の説明	例となる言葉
確認	内容の確認	「○○とは，どういうことですか」
問い返し	理由を尋ねる	「どうして」／「なぜ」
		「いつ」／「どこ」／「どのくらい」
展開	違う話題に変える	「○○について話します」／「話題を変えます」

〈あったか言葉〉

共感	相手の考えを受け入れる	「なるほど」／「そうなんですね」／「私も～です」
付け足し	相手の話に関連する情報を付け足す	

〈参考文献〉香月正登（2017）『論理ベースの国語科授業づくり　考える力をぐんぐん引き出す指導の要点と技術』明治図書

3 学習指導計画（全10時間）

第1次　インタビューの準備をしよう　　　　　　　　　　　　　　　　　（2時間）
第2次　友だちの新しい一面を引き出すインタビューをしよう　　　　　　（6時間）
第3次　友だちの魅力を報告書にまとめよう　　　　　　　　　　　　　　（2時間）

4 学習指導案（第2次第5時）

時間	学習活動	指導上の留意点，評価の観点
8分	1．本時の課題を確認する。	・現時点でのインタビューの様子を確認し，本時への課題意識をもたせる。
	ゲストが話したくなるインタビューについて考えよう	
10分	2．インタビューを行い，内容についてグループで振り返る。 ①インタビュー時間（4分） ②感想・意見交流（5分）	・記録者や観察者は，聞き手が質問に困っていれば，一言アドバイスをしてもよいことを確認する。 ・記録者はインタビューの内容面，観察者は技能面について話すように伝える。 ・話し手にインタビューされたときの感想を聞

Chpater3　実践編　話すこと・聞くことの技能が身につく活動を位置付けた単元展開例 | 123

		き，話しやすいと感じたグループとそうでないグループの進め方の違いを確認する。
10分	3．全体で共有する。	・「引き出し言葉」「あったか言葉」をどちらも使いながら進めることが必要であることを押さえる。
10分	4．次のグループでインタビューを行い，内容についてグループで振り返る。	・児童の実態に応じて，「共感」「付け足し」のどちらか1つは入れることができればよいこととする。
7分	5．振り返りを書き，発表して共有する。	・学習の中で気づいたこと，次に向けてどのようなことを頑張りたいか，全体で共有する。

5 授業展開例

❶前時の学習を振り返り，本時のめあて・内容を確認する（10分）

　まずは，話し合い活動の流れを確認し，本時のめあてを全体で共通理解します。

T　これまでの活動を通して，みんなでインタビューをスムーズに進めるためのよりよいコツを見つけてきましたね。そのコツを探していく中で，どんな言葉に分けてきましたか。

C　「引き出し言葉」と「あったか言葉」です。

T　それぞれどのような言葉でしたか。

C　「引き出し言葉」は，インタビューをする中で相手の新しい一面を引き出すために使う言葉です。

C　「あったか言葉」は，「なるほど」「私も〜です」など，相手の話に「共感」「付け足し」をするための言葉です。

T　そうでしたね。これまでは，それらの言葉を集めることを意識しながらインタビューを行ってきましたが，今日からは，ゲストが自分のことをどんどん話したくなるようなインタビューの仕方について考えていきたいと思います。

　（活動の流れを記入したものを貼る。）

T　「観察者」は，教科書にはない役割でしたね。どんな役割でしたか。

C　「インタビュアー」が，インタビューの中でどのくらい「引き出し言葉」や「あったか言葉」を使っていたかを，記録用紙に記入していきます。

T　そうでしたね。観察者は，インタビューの中で助言してもかまいませんでしたね。では，これらのことを意識して，今日のインタビューにのぞみましょう。

　（ゲストは教室の外へ出る。）

124

Ｔ　ではみなさん，今日のゲストを拍手で迎えしましょう。

　　ゲストが入場するときは，入場の音楽をかけ，温かい雰囲気で始まるようにしました。

❷話し合い活動を行う（4分）

　本時では，「今，はまっていること」についてインタビューを行いました。

《イ…インタビュアー（聞き手），ゲ…ゲスト（話し手），観…観察者，_____は「引き出し言葉」，_____は「あったか言葉」》

イ　今日のテーマは，「今，はまっていること」についてＹさんに聞いていきます。将棋が好きということでしたが，ルールをどのようにして覚えましたか。

ゲ　おじいちゃんに聞いたり，本で読んだりしてです。

イ　そうなのですね。ルールを覚えることは難しかったですか。

ゲ　難しいけど，楽しいです。

イ　そうなのですね。私も一度したことがあります。Ｙさんは，誰としますか。

ゲ　お父さんや友だちとします。

イ　お父さんや友だちと言いましたが，勝ったことはありますか。

ゲ　お父さんにはありませんが，友だちにはあります。

イ　将棋をするときは，本物でするのですか。

ゲ　本物とは，どういう意味ですか。

イ　ゲームやコンピュータではなく，本物の将棋のことです。

ゲ　コンピュータでもしますが，本物の将棋を使って勝負をすることが多いです。

イ　質問を変えます。将棋の中で，Ｙさんが好きな駒はありますか。

ゲ　あ〜。それは，1つだけですか。

イ　いくつでもいいですよ。

ゲ　角と飛車です。

イ　それはなぜですか。

ゲ　飛車は縦と横に動き回れるし，角も斜めに動き回ることができるからです。

イ　なるほど。では，Ｙさんは，戦ったときどのような気持ちになりますか。

ゲ　戦ったときの気持ち…。

イ　例えば，おもしろさとか楽しさとかではどうですか。

ゲ　将棋をしていて，相手をどう追いつめて王手を取るかを考えることがとても楽しいです。

　　将棋は先のことを考えたり，相手の考えを読んだりして勝負するので，それがおもしろいです。

イ　そうなのですね。私はそこまで考えて将棋をしたことがありませんでした。あとは…。

観　将来のこととか，始めたきっかけについて聞いてみたら？

Chpater3　実践編　話すこと・聞くことの技能が身につく活動を位置付けた単元展開例

〜以下　省略〜

❸感想・意見交流をする（5分）

　「話し手」「聞き手」「記者」「観察者」それぞれの立場で，インタビューについての振り返りをさせる。聞き手のインタビューについて「よかった点」や「改善点」について記入させ，書けたグループから意見交流に進むよう指示する。

❹全体で共有する（10分）

T　　それでは，各グループでどのような意見が出ましたか。

C1　私たちの班は，時間いっぱいインタビューすることができました。その中で，Mさんは，過去のことや将来のことも聞いていました。

T　　Mさんは，どんなことに気をつけてインタビューをしたのですか。

C2　話の内容がそれていかないように，返ってきた答えに関連付けて，次の質問をするようにしました。

C3　僕は「あったか言葉」についてで，「ぼくだったら…」って付けると話しやすくなりました。

T　　それはどういうことですか。

C3　ゲストが「トマトが好きです。」と言ったのに対して，「ぼくは嫌い！」って言うと，相手も話す気がなくなると思います。それよりも，「ぼくだったら〇〇の方が好きだけど，△△もいいですね。△△のどんなところが好きですか。」と聞いた方が，相手もうれしいと思います。

T　　今話してくれたことは，一体どういうことだと思いますか。

C4　自分と違っていても，相手の意見を受け入れるというか，共感することだと思います。

C5　相手の意見を否定しないことだと思います。

T　　なるほど。これまでは，「引き出し言葉」を集めることに集中していたけれど，相手の立場になって話すためには，「あったか言葉」も大切ですね。次のインタビューでは，「あったか言葉」も少し意識してやってみましょう。

（役割を交代し，2回目のインタビューを行う。）

❺振り返りを記入し，発表する（7分）

　最後に本時の振り返りを記入し，全体で発表をさせました。次のような例が見られました。

・ゲスト（話し手）の話を引き出すための言葉ばかり集めていたけれど，ゲストが話しやすいと思うためにも，「あったか言葉」を考えて使っていきたいです。次のインタビューでは，「あったか言葉」を増やしたいです。

・今日の授業で，普段から友だちと話すときに，自然と「あったか言葉」を使っているということに気がつきました。何となく使っていたけど，これからも大切にしたいです。

6│評価について

【知識・技能】

〔A〕後から見ても内容が理解できるよう，記号や矢印などを使いながらメモを取ることができる。メモをもとに，気づいた相手の新しい一面について，「はじめ・中・終わり」に分けて，気づいた新しい友だちの魅力を，報告書にまとめることができる。

〔B〕〔A〕と〔C〕の間の児童。

〔C〕必要な情報か区別できず，後からメモを見ても理解することができない。「はじめ・中・終わり」に分けて，報告書を書くことができない。

【思考・判断・表現】

　相手の話を受けて，話すことが苦手な児童も，観察者を立てることで客観的に話し合いを見ることができ，個々の成長をグループ全員で実感することができました。一方，「引き出し言葉」や「あったか言葉」を使うことや，事前に考えた質問をすることに集中し過ぎたために，順序立てて話し合いを進めることができていないと感じるグループもありました。このことから，単元を進めていく上で，技能面の指導とともにインタビューの目的である，相手の新しい一面を引き出すための質問の質を高めるための指導をしていくことが必要であると考えます。

〔A〕事前に準備したインタビュー内容をもとに，「引き出し言葉」「あったか言葉」を使いながら，相手の話を受けてインタビューを進めることができる。話し手の方を見て，うなずくなど反応しながら話を聞き，自分の考えと比べることができる。

〔B〕〔A〕と〔C〕の間の児童。

〔C〕事前に準備した内容しか質問することができず，インタビューが止まっている。「引き出し言葉」「あったか言葉」が意識して使うことができていない。話し手の方を見て話を聞けない。話を聞いてうなずくなどの反応ができない。

【主体的に学習に取り組む態度】

（児童の振り返りシートより）

・どうしたら友だちの一面を引き出せるか考えて話すのが難しかったけど，いろいろな「引き出し言葉」を使ってインタビューをしてみると，友達のことが知れて楽しかった。〔A〕

・前のインタビューでは時間が余り過ぎて困ったけど，今回は前よりも質問をたくさん考えたり，自分のことも話したりして，相手の話をたくさん聞くことができました。〔A〕

Chpater3　実践編　話すこと・聞くことの技能が身につく活動を位置付けた単元展開例

【編著者紹介】

吉川　芳則（きっかわ　よしのり）

兵庫教育大学大学院教授。博士（学校教育学）。神戸大学教育学部卒業。兵庫県公立小学校教諭，兵庫教育大学附属小学校教諭（この間に兵庫教育大学大学院修士課程言語系コース修了），兵庫県教育委員会事務局指導主事を経て現職。全国大学国語教育学会理事，国語教育探究の会代表。

【著者紹介】

明石市立朝霧小学校
（あかししりつあさぎりしょうがっこう）
〒673-0860　兵庫県明石市朝霧東町１丁目１－40
TEL　078-918-5445

〈平成30（2018）年度教職員一覧〉

杉田和代（校長）	尾﨑秀利（教頭）		
有持寿美代	粟田貴光	池内宏尚	池田沙織
石田真由子	一ノ瀬里紗	今﨑由佳	折田美穂
川畑沙智子	岸本記公野	北林和樹	越山英子
小西翔太	小南哲郎	櫻井与晃	治田靖久
志保香織	髙石　円	中川順子	中島正登
錦織淳子	野田星奈	野村真祐子	久高知子
平田名央真	弘川明子	藤橋理枝	藤原敬子
松田博子	望月幸子	山本彬世	山本まほ
渡辺洋樹			

インタビュー・スピーチ・プレゼン・話し合いの力をつける！
小学校国語科　話すこと・聞くことの活動アイデア44

2019年６月初版第１刷刊	ⓒ編著者	吉　　川　　芳　　則
	著　者	明石市立朝霧小学校
	発行者	藤　原　光　政
	発行所	明治図書出版株式会社

http://www.meijitosho.co.jp
（企画）木山麻衣子（校正）大江文武
〒114-0023　東京都北区滝野川7-46-1
振替00160-5-151318　電話03(5907)6702
ご注文窓口　電話03(5907)6668

＊検印省略　　　　　組版所　株式会社カシヨ

本書の無断コピーは，著作権・出版権にふれます。ご注意ください。

Printed in Japan　　ISBN978-4-18-243821-9
もれなくクーポンがもらえる！読者アンケートはこちらから　→